AF509549

PAUL MEURICE

LES DEUX DIANE

DRAME

EN CINQ ACTES & HUIT TABLEAUX

REPRÉSENTÉ POUR LA PREMIÈRE FOIS A PARIS, SUR LE THÉATRE DE L'AMBIGU, LE 8 MARS 1865

PARIS
LIBRAIRIE INTERNATIONALE
15, Boulevard Montmartre, 15
A. LACROIX, VERBOECKHOVEN & C.ⁱᵉ EDITEURS
A Bruxelles, a Leipzig & a Livourne

Au sujet du drame LES DEUX DIANE, M. Alexandre Dumas a écrit à M. Paul Meurice la lettre suivante :

Mon cher Meurice,

Un jour vous m'empruntâtes mon nom pour vous rendre un service que ne pouvait vous rendre ma bourse : je vous le donnai avec pleine confiance, presque avec orgueil, car vous êtes un de ces hommes rares comme poète et comme prosateur dont, les yeux fermés, les premiers d'entre nous peuvent signer les productions.

Vous fîtes sous mon nom les **Deux Diane.**

L'ouvrage eut du succès, autant, plus peut-être, que si je l'eusse fait moi-même.

Mais, au moment où je vendis mes livres à Lévy, je prévins Parfait et Lévy que le roman des **Deux Diane,** *vous appartenant en entier, devait disparaître de ma collection. Absent depuis cinq ans bientôt de la France, je n'ai pu rappeler cette circonstance au souvenir de mes deux amis ; de sorte que le livre a été réimprimé comme étant de moi, quoiqu'il soit de vous.*

Aujourd'hui que votre intention est de faire un drame de ce livre, je dois déclarer sur l'honneur que je ne suis pour rien dans sa composition, et que même, pour mettre ma conscience à couvert, et peut-être aussi pour me ménager le jour où je devrais vous le rendre, je ne l'ai jamais lu.

Seulement je puis affirmer qu'à toute personne qui m'a fait compliment sur les **Deux Diane** *j'ai raconté la petite anecdote que je consigne ici comme un fait ayant valeur de renonciation à toute propriété sur ce livre, une fois révolu le traité de Lévy, qui l'a réimprimé par erreur.*

Je désire, mon bon et cher Paul, que cette lettre soit rendue publique, afin que l'on puisse apprécier l'étendue de l'amitié qui nous lie, puisque tout nous a été commun jusqu'au nom, et qu'on sache en même temps combien a été grande votre délicatesse, qui, après avoir gardé le silence lors de la réimpression des **Deux Diane,** *a cru encore avoir besoin de mon autorisation pour disposer d'un bien qui ne m'appartenait point.*

Quant au drame, faites ce que vous voudrez. Je renonce à tout droit sur lui, n'y ayant aucun droit.

Quant au livre, il me ferait plaisir qu'à la nouvelle édition que Lévy fera des **Deux Diane,** *il mît votre nom près du mien, jusqu'au moment où la propriété vous reviendra, laissant la place à votre nom seul. A moins cependant que, ce jour-là, vous ne soyez heureux de rester près de moi, comme je suis heureux et fier de rester près de vous.*

Mais, en tout cas, cette lettre devra servir de préface à la première édition.

Faites votre drame, mon ami, et ayez un beau succès, comme vous en avez eu un dans Benvenuto Cellini, *et puissiez-vous dire de moi ce que je dis de vous : Ame poétique et cœur loyal, je l'aime !*

ALEXANDRE DUMAS.

PERSONNAGES :

MARTIN-GUERRE.	MM. Mélingue.
HENRI II..	Clément-Just.
GABRIEL.	Régnier.
ARNAULD DU THILL..	Faille.
PIERRE PEUQUOY.	Boutin.
JEAN PEUQUOY..	Berret.
JACK TOBIN.	Hoster.
LE CONNÉTABLE.	Machanette.
MONTGOMERY.	Adler.
PILLEMICHE.	Thuilly.
COLIGNY..	Richer.
LE GOUVERNEUR DU CHATELET.	Desormes.
UN SERGENT.	Lavergne.
MALEMORT	Jules.
DIANE DE POITIERS.	MMmes Louise Périga.
DIANE DE FRANCE.	A. Manvoy.
MACETTE.	Eudoxie Laurent.
BABETTE..	Leprévost.
UN PAGE.	Clara.

LES DEUX DIANE

ACTE I.

PREMIER TABLEAU.
Le Mail sous Henri II.

Le Mail à Paris. Promenade-terrasse plantée d'arbres; autour règne une balustrade de pierre. A droite, hôtel seigneurial, avec grand escalier extérieur. A gauche, porte du premier étage d'une taverne. En contre-bas de la promenade est censée la rue; deux escaliers y descendent à gauche et au fond.

SCÈNE I.

UN CRIEUR, puis PILLEMICHE et MACETTE.

Au lever du rideau, rumeurs et cris lointains de la foule :

Vive le roi! vive le Dauphin! vive la reine d'Écosse!
LA VOIX DU CRIEUR, *dans la rue basse.*
Aujourd'hui, grande fête du mariage de monseigneur le Dauphin avec madame la reine d'Écosse, Marie Stuart. A deux heures, aux Tournelles, joute et tournoi tenus contre tous assaillants par notre bon sire Henri II.— Aujourd'hui, grande fête... *(La voix du crieur se perd dans l'éloignement.)*

PILLEMICHE, *accourant.*
Macette! Macette! Macette!
MACETTE, *sortant de l'hôtellerie.*
Pillemiche! eh! qu'est-ce que c'est? Voilà huit jours que vous n'êtes venu, et vous m'arrivez comme si vous vouliez prendre d'assaut mon auberge...
PILLEMICHE.
Macette, j'ai été un peu souffrant; toujours mes pauvres nerfs!
MACETTE.
Vous êtes bien le soudard le plus délicat!
PILLEMICHE.
Mais j'accours pour vous annoncer... Devinez qui je viens de voir.
MACETTE.
Qui?.. Ah! serait-ce Martin-Guerre?
PILLEMICHE.
Martin-Guerre en personne! à deux pas du Mail, là, au bout de la rue Saint-Antoine.
MACETTE.
Martin-Guerre arrivé d'Italie! Mais quoi! sans son jeune seigneur? Voyez, tout est fermé à l'hôtel d'Exmès.
PILLEMICHE.
M. d'Exmès ne reviendra sans doute qu'avec M. de Guise. Mais je suis sûr d'avoir vu Martin-Guerre. Et pourtant je dois dire que je lui ai trouvé une mine... une mine extraordinaire: lui si simple et si tranquille, il marchait la tête haute, l'œil fringant, le jarret tendu. Il avait l'air d'un capitaine.
MACETTE.
Ah! on dit bien que ces Italiennes feraient d'un saint un possédé. Mais Martin-Guerre un capitaine! vous ne lui avez pas parlé, Pillemiche?
PILLEMICHE.
Non, je l'ai perdu dans le flot de la foule. Mais, allez! c'était bien lui, ou le diable a pris sa figure.
MACETTE.
Oh! après un an d'absence, je le reverrais donc, ce bon, ce cher Martin-Guerre!... Mais non, au fait, je le déteste, cet ingrat! ce scélérat!
PILLEMICHE.
Moi, j'aimerais assez que vous le haïssiez, tavernière de mon cœur.
MACETTE.
Comment! il revient, et sa première visite n'est pas pour son amie, sa parente, pour celle qui lui a engagé son cœur et à qui il a engagé sa foi!
PILLEMICHE.
Oh! croyez-vous, Macette, que Martin-Guerre vous ait engagé... Je connais l'homme. Je n'ai pas fait avec lui cette dernière campagne d'Italie, parce que je craignais... les moustiques. Mais j'ai été quatre ans à ses côtés dans de furieuses guerres, et je me figure qu'il doit être devant les femmes comme il est devant les boulets: il pense à autre chose.
MACETTE.
Oui, oui, à je ne sais quoi qu'il prétend avoir à faire, le cachotier! Ah! mais s'il retourne encore se battre pas trop loin, cette fois, je l'accompagne.
PILLEMICHE, *riant.*
Comme hôtelière?
MACETTE.
Eh! oui, dans les vivres, — et je ne le perds pas de vue.
PILLEMICHE.
Vous tenez terriblement à lui, Macette?
MACETTE.
Ah! dame! c'est tout de même un fier homme, quoique si doux. Savez-vous qu'il est fils de grand seigneur, et le propre frère du jeune vicomte d'Exmès, — frère du côté gauche, s'entend? Il s'appelle Martin-Guerre d'un nom de métairie, mais sa mère était une Peuquoy, comme moi; une belle et bonne femme...
PILLEMICHE.
Comme vous.
MACETTE.
Taisez-vous donc!... Quant au père, on n'en parle pas. Je crois qu'un beau soir il a disparu, et feu mon père, à moi, devait savoir là-dessus des choses... Mais mon père était un caractère dans mon genre, pas bavard, pas indiscret, et j'ai eu beau le questionner, je n'en ai jamais rien tiré. Mais vous voyez que j'ai eu mes raisons pour m'attacher à Martin-Guerre, et, si on me l'enlevait... Ah! mon Dieu!...
PILLEMICHE.
Qu'est-ce qui vous prend?
MACETTE.
Martin-Guerre est peut-être bien en cachette à Paris depuis plusieurs jours!
PILLEMICHE.
Comment?
MACETTE.
La semaine dernière, il m'est arrivé de Picardie des parents à lui et à moi, des Peuquoy, un oncle, un cousin, une cousine, une jeune cousine! Ils venaient pour les fêtes des noces du Dauphin. Dans le commencement, ils m'ont beaucoup parlé de Martin-Guerre, et puis ils ne m'en parlent plus du tout. Est-ce que par hasard?... Eh! tenez, les voilà!

PILLEMICHE.

Bonnes figures !

SCÈNE II

LES PRÉCÉDENTS, PIERRE PEUQUOY, JEAN PEUQUOY.
BABETTE.

JEAN PEUQUOY.

Il n'arrive pas.

PIERRE PEUQUOY.

Sortons sans lui.

BABETTE.

Oh ! non, il faut l'attendre. — Chut ! Macette !

MACETTE.

Mes amis, je vous présente un compagnon d'armes de
Martin-Guerre.

BABETTE.

De Martin-Guerre ! (Bas à Jean.) Attention !

PIERRE.

Oh ! un soldat !

MACETTE.

Pillemiche, je vous présente...

JEAN, l'interrompant.

Le cousin Jean Peuquoy, de Saint-Quentin, tisserand depuis deux cent vingt-cinq ans (de père en fils,
bien entendu), à la *Navette d'Or*, rue des Filandières,
sur les fossés. Ma petite sœur Babette Peuquoy. —
Mon oncle...

PIERRE.

Non ! ne me présente pas, moi, à ce Français.

JEAN.

Comme vous voudrez. Maintenant une poignée de
main, mon camarade.

PILLEMICHE, riant.

Votre camarade?

JEAN.

Eh ! mais oui ; tel que vous me voyez, je suis porte-
étendard dans la garde bourgeoise, compagnie de
l'arc.

PILLEMICHE.

Et vous tirez... aux moineaux?

JEAN.

En attendant, l'ami, que je tire aux ennemis.

PILLEMICHE.

Vous?

JEAN.

Moi. Je viens de recevoir des lettres de Saint-Quentin, et il paraîtrait que l'Espagnol et l'Anglais, qui tien-
nent la campagne de nos côtés, font mine de vouloir
tourner autour de ma ville...

PILLEMICHE, joyeux.

La guerre recommence !

JEAN.

Pour lors, j'ai décidé que nous quitterions Paris tantôt, après le tournoi.

MACETTE.

Vous repartez ce soir !

JEAN.

Nos paquets sont au coche. Je ne sais pas si ça flatte
beaucoup l'Angleterre que les Peuquoy soient Anglais,
mais je sais que ça gêne énormément les Peuquoy de
n'être pas Français ; est-ce pas vrai, mon oncle?

PIERRE.

Oh ! tais-toi !

JEAN.

Donc, avant que Jean Peuquoy de Saint-Quentin devienne Angliche, je tiens à le mener au plus tôt chez
nous, pour lui faire casser la tête... à la tête de sa compagnie.

PIERRE.

Ah ! il est gai, lui ! il est Français !

PILLEMICHE.

Eh bien, merci de vos nouvelles. Elles sentent bon
la poudre, qui est très-salutaire pour mes nerfs. Vous
partez ce soir, je partirai demain matin. Ainsi, à bientôt, *camarade*. (Il lui serre la main.)

JEAN.

Ah ! vous voye !

PILLEMICHE.

Et vous, l'oncle, vous êtes aussi un Peuquoy ; la main.

PIERRE.

Oh ! non, pas moi.

JEAN.

Allons donc ! mon oncle ; vous avez l'air d'un pauvre
honteux.

PIERRE.

Hé ! c'est que j'en suis un. Je manque de ce qu'il y a
de plus nécessaire. (A Pillemiche.) Vous dites que je suis
aussi un Peuquoy. C'est vrai, nous avons poussé pas
mal de branches de Peuquoy, ici et là. Mais lui, Jean, est
un Peuquoy de Saint-Quentin ; Macette est une Peuquoy
d'Abbeville ; et moi, moi, je suis un Peuquoy... de
Calais.

PILLEMICHE.

Aïe !

PIERRE.

Je suis de Calais, et Calais est à l'Angleterre. Être
Anglais, c'est naturel pour les Anglais ; mais pour un
Français, allez ! c'est une fameuse infirmité. Nous sommes Anglais depuis deux cent dix ans. J'étais bien
jeune dans ce temps-là ! mais je n'ai jamais pu m'y
faire. Je m'ennuie. Je suis étranger dans ma ville,
étranger en France. Vous autres soldats, vous devriez
bien nous faire la charité de nous délivrer. Jean m'appelait un pauvre honteux ; vous savez à présent de quoi
je suis honteux et de quoi je suis pauvre, et vous m'ex-
cusez d'aller comme ça, vieux homme, mendiant la
patrie.

PILLEMICHE, lui serrant la main.

Ah ! si j'étais seulement connétable !

PIERRE, vivement.

Parlez à vos chefs ! Je suis, aussi bien que Jean, de la
garde bourgeoise, et même, comme je suis armurier de
mon état, ils m'ont fait capitaine. Eh bien, nous sommes
au moins deux sur trois qui avons toujours le cœur français. Il y a le fort Risbank, qui est la clef de Calais par
mer ; on nous en laisse la garde, et si on pouvait...

JEAN.

Hé ! mon pauvre oncle, on vous laisse la garde du
fort Risbank parce que les Français n'ont pas de vaisseaux. Mais, si les Français avaient des vaisseaux, Martin-Guerre vous disait encore hier que...

MACETTE, s'approchant vivement.

Martin-Guerre vous disait hier?...

JEAN, à part.

Oh ! voilà une bêtise !

PILLEMICHE, à part.

Gare l'explication ! (Haut.) Je vous laisse en famille.
M. de Guise, le général que j'aime, n'est pas en France ;
mais bah ! je ne vais pas moins aller trouver le connétable, le général que je n'aime pas. Et vous me reverrez,
et bientôt. (Il sort.)

SCÈNE III.

PIERRE PEUQUOY, JEAN PEUQUOY, MACETTE,
BABETTE.

MACETTE, furieuse.

Ainsi Martin-Guerre est à Paris, et vous l'avez vu!

JEAN.

Nous l'avons... entrevu.

MACETTE.

Vous me le confisquez, vous qui le connaissez à peine !

PIERRE.

Comment ! voilà quinze ans que je lui fournis ses
armes. Et il en use !

JEAN.

Il a passé deux jours chez nous, à Saint-Quentin, l'an
dernier.

MACETTE.

Enfin vous ne pouvez pas lui être attachés comme moi.

BABETTE.

Eh ! pourquoi donc ça?

PIERRE.

Un vaillant qui amènera peut-être M. de Guise à
Calais !

JEAN.

Un généreux parent qui a renoncé pour nous à sa part de l'héritage d'un Peuquoy de Péronne !

MACETTE.

Pardine ! à la mort de mon père, il a bien payé toutes nos dettes, pour me conserver mon hôtellerie.

JEAN.

Eh bien . quelle est la conclusion de tout ça, Macette? C'est tout simplement que Martin-Guerre est le roi des hommes.

MACETTE.

Je ne dis pas non.

BABETTE.

Il est si doux, si réservé !

MACETTE, soupirant.

Il l'est plutôt trop.

JEAN.

Doux comme un mouton, et, en même temps, intrépide comme un lion.

PIERRE.

Et dévoué à son jeune seigneur, il faut voir !

MACETTE.

Il ne sait pas ce que c'est que l'ivresse.

BABETTE.

Il n'a jamais laissé échapper un juron.

JEAN.

C'est la perfection! (Bruit dans la rue.)

MACETTE.

Qu'est-ce que ce bruit?

JEAN.

On dirait un malfaiteur qu'on amène.
(La foule envahit, au fond, la terrasse.)

UN SERGENT DE LA PRÉVÔTÉ, entrant avec plusieurs hoquetons.
À la foule.

Allons ! rangez-vous. (À ses hommes.) Ne laissez pas approcher.

JEAN.

Qu'est-ce qu'il y a donc, sergent?

LE SERGENT.

Hé ! un chenapan qui dit habiter par ici ! — un ivrogne ! un bretteur ! une espèce de filou !
(Le prisonnier paraît, la tête basse, entre deux hoquetons.)

LES PECQUOY.

Oh ! c'est Martin-Guerre !

SCÈNE IV.

LES PRÉCÉDENTS, MARTIN-GUERRE, LE SERGENT DE LA PRÉVÔTÉ, SIX HOQUETONS.

MARTIN-GUERRE.

Dieu!... Babette ! Macette! ma famille !

LE SERGENT.

Ah ! vous êtes honteux, bandit !

MARTIN-GUERRE, à lui-même, haussant les épaules.

Oh ! mon pauvre bonhomme, si je n'avais d'autres fils à retordre et un souci autrement grave en tête, quelle splendide trépignée je ferais de toi et de tes valets de carreau !

JEAN.

Sergent, mais qu'est-ce qu'il a fait donc?

LE SERGENT.

Cette nuit, dans un tripot de la Cité, un coquin, ivre de vin et de débauche, s'est servi de dés pipés, a fait rafle de tout l'argent de ses dupes et est parti cassant le cabaret et rossant le cabaretier.

JEAN.

Voilà un gueux !

LE SERGENT.

Eh ! mais c'est lui, ce gueux-là.

JEAN et PIERRE.

Lui !

MACETTE.

Le plus rangé des hommes !

BABETTE.

Le compagnon le plus doux !

LE SERGENT.

Elle est jolie sa douceur! Trois ou quatre de ses vic-

times l'ont retrouvé ce matin et ont tenté de le saisir. Il les a contusionnés et blessés, et il a été jusqu'à battre la femme de l'un d'eux qui voulait appeler à l'aide.

JEAN, indigné.

Oh ! mais cet homme-là est bon à pendre.

LE SERGENT.

Quand on vous dit que le pendard, c'est lui !

JEAN.

Allons donc! sergent, c'est un autre !

MARTIN-GUERRE.

Ou je suis double.

LE SERGENT.

Puisqu'il a été reconnu par le cabaretier, par la femme, par tous ceux qu'il a friponnés et malmenés.

MARTIN-GUERRE, à lui-même.

C'est vrai pourtant qu'ils avaient l'air sûrs de leur affaire. Pourtant je suis à peu près sûr de...

JEAN.

Mais nous aussi, nous le reconnaissons.

MACETTE.

C'est Martin-Guerre !

BABETTE.

Le bon Martin-Guerre!

PIERRE.

L'écuyer du vicomte d'Exmès.

MARTIN-GUERRE à lui-même.

Serait-ce aujourd'hui mercredi, jour où je crois que le diable s'amuse à m'ennuyer?

LE SERGENT.

Hum ! tout ça est bien suspect !

MARTIN-GUERRE.

Je vous certifie, sergent, qu'on m'a vraiment un peu calomnié, et que je ne suis pas un gredin.

LE SERGENT.

En êtes-vous bien sûr? Il y a quatre voix pour vous, mais il y en a dix contre. Enfin, voyons, M. le vicomte d'Exmès est-il chez lui?

MARTIN-GUERRE, avec anxiété.

Ah ! oui, est-il rentré? Est-il rentré du Louvre?

JEAN.

Pas encore.

MARTIN-GUERRE, avec une vive contrariété.

Pas encore !

LE SERGENT.

Oh! s'il n'y est pas pour vous réclamer...

MARTIN-GUERRE.

Eh ! mon cher, M. le vicomte d'Exmès a en ce moment autre chose à faire que d'être là pour répondre à vos questions saugrenues.

LE SERGENT.

Ah ! c'est comme ça! eh bien, jusqu'à l'arrivée de votre maître, vous serez gardé à vue.

MARTIN-GUERRE, haussant les épaules.

À votre aise, au fait, si votre bêtise vous amuse!

LE SERGENT, à ses hoquetons.

Veillez sur cet homme. Vous ne lui rendrez la liberté que lorsque M. d'Exmès en personne vous aura dit si réellement on ne l'a pas pris pour un autre.
(Le sergent sort.)

MARTIN-GUERRE.

Oh ! comme je te rosserais, grand baguenaudier, si j'étais l'autre ! — Oui, mais je suis pris, pas moins. (À Babette.) Moi qui espérais, chère petite cousine, vous accompagner au tournoi.

MACETTE, à part.

Voyez-vous le galant !

BABETTE.

Oh ! nous allons rester avec vous, cousin.

MACETTE à part.

Voyez-vous l'ingénue !

MARTIN-GUERRE.

Non, non. je ne le souffrirai pas : il ne faut pas que vous perdiez cette fête. Le roi Henri II raffole des tournois, et celui-ci sera magnifique. Allez sans moi, mes amis. Seulement, ne partez pas sans me dire adieu.

PIERRE.

Oh ! ça non, pour sûr ! J'ai encore à te reparler, tu sais, du fort Risbank...

JEAN.

A bientôt. Passons par la rue Basse, c'est le plus court.

BABETTE.

Au revoir, cousin. (Ils sortent par l'escalier de gauche.)

MARTIN-GUERRE.

Allez ! allez vite, et laissez-moi avec.., mon escorte.

MACETTE.

Et avec moi.

SCÈNE V.

MARTIN-GUERRE, MACETTE, LES SIX HOQUETONS, s'appuyant sur des hallebardes et rangés en demi-cercle derrière Martin-Guerre.

MARTIN-GUERRE, lui serrant la main.

Et avec vous, oui, Macette. Et, quoique un peu gêné par... mes gardes, je suis véritablement heureux de vous revoir, après une si longue absence.

MACETTE.

En vérité ! il ne tenait pourtant qu'à toi de l'abréger un peu, cette absence si longue !

MARTIN-GUERRE.

Comment ?

MACETTE.

Dame ! est-ce que tu n'es pas à Paris, en secret, depuis huit jours ?

MARTIN-GUERRE.

Vous le saviez ?

MACETTE.

C'est donc vrai ?

MARTIN-GUERRE.

Ah ! vous ne le saviez pas !

MACETTE.

Oui, tu mens mal, mais tu mens, tu trompes. Ah ! indigne ! (Elle pleure.) Après les protestations que tu m'as faites !...

MARTIN-GUERRE.

Moi !

MACETTE.

Enfin que je t'ai faites... Et quelle froideur ! tu m'as regardée à peine, tu ne m'as seulement pas embrassée.

MARTIN-GUERRE, publique.

Devant ces messieurs !

MACETTE.

Ah ! c'est affreux ! se cacher d'une fiancée fidèle qui vous attend depuis sept ans tout à l'heure. Tu vas encore me dire que Jacob a bien attendu quatorze ans Rachel ; mais...

MARTIN-GUERRE.

Mais il est probable que Rachel n'aurait pas attendu si patiemment Jacob. Oui, depuis fort longtemps, Macette, vous avez eu la bonté de m'avouer que je vous aimais, et il est certain que je te... que je vous trouve bien avenante, et que... Mon Dieu ! je ne peux pas dire comme je suis contrarié par ces... spectateurs !

MACETTE.

Enfin, réponds, comment, pourquoi t'es-tu laissé voir à l'oncle, au cousin, et surtout à cette Babette ! quand tu te dérobais à ta bien-aimée légitime ?

MARTIN-GUERRE.

Le devoir de votre profession, chère amie, est de bavard... de converser avec vos pratiques, et votre taverne est fort achalandée. Or, pendant quelques jours, nous avions besoin, Monseigneur et moi, d'un peu de secret.

MACETTE.

Gageons qu'il s'agit encore de ce fameux mystère, auquel tu sacrifies mon amour et tout.

MARTIN-GUERRE, gravement.

Macette ! Macette ! ne parlez pas légèrement de la grande tâche de ma vie.

MACETTE.

A la bonne heure ! mais quand donc l'auras-tu terminée, cette tâche éternelle ?

MARTIN-GUERRE.

Oh ! je ne sais pas, cela ne dépend pas de moi ; cela dépend du vicomte Gabriel d'Exmès, mon cher seigneur. Il est justement au Louvre pour... afin de... Et je l'attends, oh ! je l'attends avec une bien grande impatience ! Lui, vois-tu, Macette, il a le nom, le titre, le droit ; il aura le pouvoir. Et moi, obscur, inconnu, je ne pouvais rien, je ne suis rien.

MACETTE.

Laisse donc ! est-ce qu'après tout, tu n'es pas son frère, à ton seigneur ? Est-ce que ton maître n'est pas ton élève ! Est-ce que ce n'est pas toi qui l'as formé aux armes, dressé au danger, qui l'as fait ce qu'il est enfin ?

MARTIN-GUERRE.

Ah ! bien oui ! guerroyer, chevaucher, faire des entreprises, assaillir les châteaux, forcer les citadelles, mais c'est son instinct à ce jeune homme, c'est son plaisir ! je ne le conduis pas du tout, je ne fais que le suivre.

MACETTE.

Oui dà ! mais je suis au courant par Pillemiche. Est-ce au siége de Metz, dis-moi, que tu *suivais* ton maître tout imberbe encore ?

MARTIN-GUERRE.

A Metz ? Eh ! c'est à Metz qu'il a commencé à fixer l'attention du grand François de Guise.

MACETTE.

Pardine ! jour et nuit, tu étais près de lui sur la brèche, le couvrant de ton corps.

MARTIN-GUERRE.

Moi ? par exemple !

MACETTE.

Tu le *suivais* peut-être encore à la bataille de Renty ?

MARTIN-GUERRE.

Il a pris là deux drapeaux !

MACETTE.

De ta main ! et, pour les lui faire prendre, tu as reçu, toi, deux blessures.

MARTIN-GUERRE.

Moi ? mais non, je ne crois pas... Mais ce n'est pas vrai, entends-tu !

MACETTE.

Enfin, tu le *suivais* toujours dans la campagne de Picardie ?

MARTIN-GUERRE.

Glorieuse campagne pour Monseigneur, où M. de Guise a voulu l'attacher à son illustre personne !

MACETTE.

Mais, le jour où on lui faisait cet honneur, on te rapportait, toi, à moitié mort, sur un brancard.

MARTIN-GUERRE.

Mais veux-tu bien te taire ! mais c'est une calomnie atroce !

MACETTE.

Quant à la guerre d'Italie dont vous arrivez, ici les renseignements me manquent.

MARTIN-GUERRE.

Ah ! c'est là, c'est là que Monseigneur a fait des prodiges ! juge : M. de Guise l'a choisi pour rapporter en France les drapeaux pris sur l'ennemi. C'est pour les présenter au roi qu'il est allé au Louvre. Et, de plus, il est porteur d'une lettre de M. de Guise qui demande, qui réclame pour lui... — Oh ! le roi n'a pas pu lui dire non ! — Mais pourquoi donc ne revient-il pas ? Sans doute le connétable, qui est l'ennemi de M. de Guise et le nôtre, aura essayé de lui faire toute l'opposition possible. Mais Monseigneur a dix fois, cent fois gagné cette récompense, souhaitée, cherchée, couvée pendant tant d'années de patience et de valeur !

MACETTE.

Quelle récompense donc ?

MARTIN-GUERRE.

Rien, une charge, un grade.

MACETTE.

Quel grade ?

MARTIN-GUERRE.

Ah! je peux le dire aujourd'hui : c'est le poste, ac-
tuellement vacant, de capitaine des gardes.

MACETTE.

Tiens! et pourquoi ce poste-là? Qu'est-ce qu'il a de
particulier et d'important, ce poste?

MARTIN-GUERRE.

Vous seriez désireuse de le savoir, Macette?

MACETTE.

Dame! oui.

MARTIN-GUERRE.

Eh bien, je vous promets de vous le dire... quand je
l'aurai dit à Monseigneur.

MACETTE.

Comment! il ne le sait pas, lui qui te mène! *(Gabriel
paraît au fond.)*

MARTIN-GUERRE.

Ah! c'est lui!... A bientôt. Macette, à bientôt!

MACETTE.

Bon! j'entends. Mais maintenant je te tiens, Martin-
Guerre, et tu ne m'échapperas plus.

(Elle entre dans l'hôtellerie.)

SCÈNE VI.

MARTIN-GUERRE, GABRIEL.

GABRIEL, aux hoquetons.

J'ai rencontré votre sergent. Laissez mon écuyer. Il
y a méprise. Allez. *(Les hoquetons sortent.)*

MARTIN-GUERRE.

Ah! mon cher seigneur, c'est donc vous, enfin! Eh
bien, le roi? le roi?

GABRIEL.

Je l'ai vu.

MARTIN-GUERRE.

Il a lu la lettre de M. de Guise?

GABRIEL.

Oui.

MARTIN-GUERRE.

Et... notre capitainerie des gardes?

GABRIEL.

Le roi me l'accorde.

MARTIN-GUERRE.

Il vous l'a dit?

GABRIEL.

J'ai sa parole.

MARTIN-GUERRE.

Mais le brevet?

GABRIEL.

On me le fera tenir après le tournoi.

MARTIN-GUERRE.

Ah!... j'espérais, moi, que vous alliez le rapporter.

GABRIEL.

La promesse vaut le parchemin.

MARTIN-GUERRE.

Si vous croyez... Bonté divine! nous y touchons donc,
nous y touchons enfin, à ce premier but.

GABRIEL.

Mais le dernier? quel est le dernier? A quel grand et
suprême devoir me prépares-tu depuis six années?

MARTIN-GUERRE.

Vous le saurez aujourd'hui, tout à l'heure, dès que
nous tiendrons ce brevet.

GABRIEL.

Allons! plus qu'une heure de patience!... Et, en attendant, écoute, Martin-Guerre; car il y a d'autres nouvelles.

MARTIN-GUERRE.

Voulez-vous que nous rentrions?

GABRIEL.

Non, il faut que je guette et que j'attende dehors le
passage de... de quelqu'un. Vois, d'ailleurs, la place et
la rue désertes. Paris tout entier est aux Tournelles.

MARTIN-GUERRE.

Même notre brevet. Quand on pense qu'il existe, ce
brevet, tout prêt, tout signé peut-être!

GABRIEL.

Ah! bon Martin-Guerre, mon ami, mon guide, mon
frère, héros sans le savoir, qui m'as enseigné le courage
et l'honneur, modestement, tranquillement, en bonhomme! tu me caches en partie ma destinée à moi-
même, tu en as voulu porter seul je ne sais quel lourd
et dangereux secret; mais moi, je n'ai rien à te celer de
mon âme, et, s'il faut te l'avouer, mon ami, eh bien!
ce n'est pas seulement à ce brevet que je pense, ce n'est
pas seulement là, — pardonne, — ce qui me fait si ému
et si palpitant.

MARTIN-GUERRE, avec une nuance de reproche.

Ah! qu'est-ce donc?

GABRIEL.

Martin-Guerre! sais-tu qui j'ai retrouvé auprès du roi?

MARTIN-GUERRE.

Auprès du roi?

GABRIEL.

Tu n'as pas oublié, bien sûr, l'enfant aux yeux noirs
que le vieil Enguerrand élevait dans le village, tandis
que tu m'élevais au donjon.

MARTIN-GUERRE.

La petite Diane?

GABRIEL.

Oui, la douce orpheline sans famille et sans nom. Nos
maisons étaient voisines, nos destinées semblables, nos
âmes parentes; alors, je l'appelais ma sœur. Quand j'ai
quitté Diane, elle était encore une enfant, et, depuis, je
ne l'ai revue qu'une seule fois, dans la chapelle des Bénédictines de Saint-Quentin. Mais je la revoyais chaque
jour dans mon cœur.

MARTIN-GUERRE.

Et, chaque jour, ou à peu près, vous m'avez parlé et
reparlé de cette première amitié d'enfance, qui ressemblait bien un peu à l'amour.

GABRIEL.

Ah! qui y ressemblait tout à fait, j'en ai peur. Aussi,
comme le cœur m'a battu, quand, ce matin, au Louvre,
à la gauche du roi, j'ai retrouvé...

MARTIN-GUERRE.

Qui? ce n'est pas Diane?

GABRIEL.

C'est Diane! c'est ma petite Diane, aujourd'hui
Diane de France, comtesse d'Angoulême!

MARTIN-GUERRE.

Mais de qui donc est-elle l'enfant?

GABRIEL.

Elle est la fille reconnue et légitimée d'une noble
dame piémontaise et du roi Henri II.

MARTIN-GUERRE.

Fille du roi!

GABRIEL.

Eh bien! qu'as-tu?

MARTIN-GUERRE.

Rien, monseigneur, rien. — Et vous avez été bien
joyeux sans doute de la merveilleuse rencontre?

GABRIEL.

Oui, d'abord : écoute donc! je retrouvais Diane! mais,
après la réception du roi, j'ai pu, dans la confusion du
cortége, m'approcher de Diane et échanger avec elle
quelques paroles émues. Ah! la chère âme! elle pensait
à moi, comme je pensais à elle. Seulement...

MARTIN-GUERRE.

Seulement?...

GABRIEL.

Martin-Guerre, le jour où tu m'as mis dans la main
ma première épée, tu m'as dit que j'avais plusieurs ennemis, mais que tu ne pouvais m'en nommer qu'un
seul, et c'était...

MARTIN-GUERRE.

C'était le connétable.

GABRIEL.

Eh bien, devine un peu pourquoi le roi a rappelé du
couvent Diane de France, sa fille. C'est que Diane de
Poitiers, sa toute-puissante maîtresse, la destine en
mariage à François de Montmorency, fils du connétable.

MARTIN-GUERRE.

Ainsi Diane de Poitiers et le connétable sont contre vous sans vous connaître!... Et Diane de France, que dit-elle?

GABRIEL.

Diane me croyait mort, et pourtant elle n'avait pas consenti. Mais aujourd'hui même, au sortir de la cathédrale, elle va parler au roi, la généreuse fille! Elle quittera les Tournelles avant la fin du tournoi, elle fera prendre à sa litière le chemin moins encombré du Mail, et moi, sur son passage... Ah! mais vois donc: ses pages, sa livrée, c'est elle! (Courant au-devant de Diane de France.) Madame...

SCÈNE VII.

LES MÊMES, DEUX PAGES, DIANE DE FRANCE, UNE DAME D'HONNEUR, UN ÉCUYER.

DIANE DE FRANCE.

Inutile que vous veniez au-devant de moi, monsieur d'Exmès; c'est moi qui, ouvertement, viens à vous, avec la permission et presque de la part du roi.

GABRIEL.

Quoi! madame...

DIANE DE FRANCE.

J'ai parlé au roi mon père, ainsi que je vous l'avais promis. Je lui ai parlé en présence de madame Diane de Poitiers et du connétable. Le roi se tient pour engagé, et le connétable ne consent pas à dégager le roi. Mon père m'a donc signifié que, d'ici à un mois, je serais la femme du duc François, ou que je retournerais chez les Bénédictines.

GABRIEL.

Dieu! et qu'allez-vous faire?

DIANE DE FRANCE, vivement.

Ah! je ne vais pas épouser le duc, soyez tranquille!

GABRIEL.

Chère Diane!...

MARTIN-GUERRE.

O charmant et vaillant cœur!

DIANE DE FRANCE.

Vous, donnez-moi la main, ami Martin-Guerre. Je me rappelle ce que vous répétiez souvent à Gabriel: Courage! il faut du courage! — Oui, c'est bien vrai, il en faut, et beaucoup! Redites-le-lui encore,

GABRIEL.

Oh! mais, s'il n'y a plus à garder d'espérance...

DIANE DE FRANCE.

Il y a toujours à faire son devoir. — Gabriel, j'ai raconté au roi ce que vous aviez été pour moi dans mon enfance, et Sa Majesté m'a accordé la grâce de vous remettre de mes mains la récompense de vos services dans ces dernières guerres.

MARTIN-GUERRE.

Ah! et c'est?...

DIANE DE FRANCE.

Ce brevet de capitaine des gardes.

MARTIN-GUERRE, saisissant le brevet.

Enfin! enfin! enfin!

GABRIEL.

Ma Diane adorée!..

DIANE DE FRANCE, émue.

Gabriel!.. Vous aurez à remercier le roi; mais, je vous en prie, ne me dites plus rien à moi. Ne me parlez pas, ne m'accompagnez pas. Adieu. (Elle sort avec sa suite.)

SCÈNE VIII.

MARTIN-GUERRE, GABRIEL.

GABRIEL.

Oh! elle est perdue pour moi! Mourir! mourir!

MARTIN-GUERRE.

Enfant, tais-toi! auras-tu moins de courage qu'une femme? Sais-tu si le malheur qui te frappe n'est pas bon, s'il n'est pas nécessaire, pour te laisser tout entier au devoir que Dieu t'a imposé?

GABRIEL.

Ah! est-il dangereux ce devoir? va-t-il absorber mon

âme, exposer ma vie? Alors le moment est bien choisi: révèle-le-moi, révèle-le-moi tout de suite.

MARTIN-GUERRE.

Tout de suite?... Vous voulez?... Eh bien! oui, vous avez raison, tout de suite, et à cette place où nous sommes. Ah! il y a une Providence. C'est la fille de Henri II qui vous remet elle-même ce brevet de capitaine des gardes, et qui vous le remet ici, sous ces arbres, touchant au banc que voilà.

GABRIEL.

Que veux-tu dire?

MARTIN-GUERRE.

Je veux dire qu'auprès de ce banc, sous ces arbres, à cette place, j'ai parlé pour la dernière fois à votre père.

GABRIEL.

A notre père, ami!

MARTIN-GUERRE.

A notre père, oui, mon Gabriel. Il y a de cela dix-huit ans. On sonnait le couvre-feu. Monseigneur venait de descendre ces marches, tout frémissant, tout menaçant, comme on va à quelque danger, à quelque lutte mortelle. Il était arrivé là où vous êtes. Il se retourna et me vit derrière lui. « — Que fais-tu? me dit-il. — Est-ce que je n'accompagne pas Monseigneur? — Non; je vais seul. — Ah! mon bien-aimé maître, je vous supplie... — Quoi? que veux-tu? — Je voudrais mourir avec vous! — Enfant! je te défends de me suivre, je te défends de mourir. Je veux que tu vives pour veiller sur mon fils, sur ton frère; je vous lègue l'un à l'autre. Embrasse-moi, et souviens-toi! » Et il me serrait sur sa poitrine. Je crois encore sentir l'étreinte de sa main, le battement de son cœur. Et puis il s'éloignait. Il n'est jamais revenu.

GABRIEL.

Mon père!... Ah! c'est sa mémoire, n'est-ce pas? c'est son honneur qui est au fond de la mission que je dois accomplir. Allons! parle, l'heure est arrivée; ce brevet que tu voulais est dans nos mains. « — Quand vous l'aurez, m'as-tu dit, vous pourrez vouloir, agir, marcher au grand jour, et même connaître et reprendre le nom de vos ancêtres, cet illustre nom que je cache à tous, et à vous-même, comme une honte. » Eh bien, je t'écoute, parle, qu'ai-je à faire, voyons? J'ai à venger mon père, n'est-ce pas?

MARTIN-GUERRE.

Vous avez plus qu'à le venger, Gabriel.

GABRIEL.

Comment?

MARTIN-GUERRE.

Vous avez à le délivrer.

GABRIEL.

Que dis-tu? Mon père! il n'est donc pas mort?

MARTIN-GUERRE.

Mon Dieu! je ne sais pas, il existe peut-être... Oh! oui, il doit exister, je le crois... Allons! il existe! je sens, je sais, je suis sûr qu'il existe!

GABRIEL.

Ah! merci! le retrouver! le délivrer!... Dirige-moi. Où faut-il aller? Quand commençons-nous?

MARTIN-GUERRE.

Eh bien! mais ce soir, à l'instant. Prenez ce brevet, monseigneur, rentrez revêtir les insignes de votre nouveau grade, — il y a assez longtemps que je les tiens prêts! — et puis je vous dirai ce que vous avez à faire.

GABRIEL, se dirigeant avec Martin-Guerre vers l'hôtel.

Et moi, je te suivrai, je t'obéirai plus docilement que jamais, mon cher aîné, mon cher guide!

MARTIN-GUERRE, l'embrassant.

Ah! tu vas voir, mon Gabriel, à présent que tu sais que le père existe, tu te sentiras mieux mon frère.

(Ils entrent dans l'hôtel de droite.)

SCÈNE IX.

LE CONNÉTABLE, entrant par l'escalier du fond, PILLEMICHE, ensuite ARNAULD DU THIL.

LE CONNÉTABLE.

Comment! c'est par ici?

PILLEMICHE.

Oui, monsieur le connétable, et voilà l'hôtel de M. le vicomte d'Exmès.

LE CONNÉTABLE.

Eh! mais c'était autrefois le logis des comtes de Montgomery?

PILLEMICHE.

Cela, monseigneur, je l'ignore.

LE CONNÉTABLE.

Il suffit. Je pars demain matin pour aller me mettre à la tête de l'armée. Tenez-vous prêt. Allez.

(Pillemiche s'incline et entre dans la taverne.)

LE CONNÉTABLE, appelant au fond.

Hé là! mons Arnauld du Thil!

ARNAULD, entrant, enveloppé dans son manteau.

Taïaut! taïaut! voyez quel fin limier je suis, monseigneur : je sens déjà une piste, et... (montrant l'hôtel d'Exmès), voilà le gîte!

LE CONNÉTABLE.

Oh! tu ne t'es pas laissé rouiller en province, mon drôle. Cette nuit, dès ton arrivée, tu étais jeté dans je ne sais quel esclandre...

ARNAULD.

Oh! je suis innocent, puisqu'on en a arrêté un autre à ma place.

LE CONNÉTABLE.

Allons! écoute-moi. Le vicomte d'Exmès, qui demeure là, s'est fait aimer de madame Diane de France.

ARNAULD.

La fiancée de votre fils! le fat !

LE CONNÉTABLE.

Le vicomte d'Exmès s'est fait aujourd'hui nommer par le roi capitaine des gardes.

ARNAULD.

Et à la requête de M. de Guise! l'impertinent !

LE CONNÉTABLE.

Enfin M. d'Exmès habite cet ancien hôtel des comtes de Montgomery. Pour ces trois raisons, il m'est trois fois suspect.

ARNAULD.

Et, tandis que M. le connétable ira guerroyer, ma mission... diplomatique sera de surveiller M. d'Exmès trois fois. Combien de fois serai-je payé?

LE CONNÉTABLE.

Je te payerai dix fois, je te payerai deux mille livres.

ARNAULD.

Ah! vous chantez là une chanson que j'aime.

LE CONNÉTABLE.

Seulement...

ARNAULD.

Aïe! voilà un *seulement* qui me gâte mon air.

LE CONNÉTABLE.

Seulement, je ne te payerai qu'à mon retour, et sur la besogne faite. Sans cette utile précaution, je te connais, coquin...

ARNAULD.

Hélas!

LE CONNÉTABLE.

Tu irais dépenser tes observations et mes écus dans les tripots.

ARNAULD.

Fi ! est-ce que monseigneur m'y a jamais vu?

LE CONNÉTABLE.

Ainsi, deux mille livres comptant, après.

ARNAULD.

Mais, avant, je mourrai de faim.

LE CONNÉTABLE.

Voyons, tu auras un écu par jour, pour ta nourriture.

ARNAULD.

Oh! pour mon jeûne !

LE CONNÉTABLE.

Assez! j'ai dit ; tu m'as compris. Il faut qu'à mon retour, tu puisses m'apprendre au juste ce qu'est ce M. d'Exmès, dans son passé, dans son présent, et tout ce qu'il aura fait en mon absence. Dès ce soir, poste-toi là. Bonne garde et bonne chance! (Il sort.)

SCÈNE X.

ARNAULD DU THIL, puis PILLEMICHE, puis JEAN, PIERRE et BABETTE, puis MACETTE.

ARNAULD, seul, tombant assis sur le banc, la tête dans ses mains.

Au diable! qu'est-ce qu'il veut que je fasse avec son écu par jour? Deux mille livres on ne sait quand; mais, pour commencer, une faction de nuit, des soucis, des dangers! — et, pour le tout, un malheureux écu! Ah! que ces grands sont petits!

PILLEMICHE, sortant de l'hôtellerie.

Ah! c'est vous!... Bonjour, ou plutôt bonsoir, Martin-Guerre!

ARNAULD, entre ses dents.

Qu'est-ce qu'il dit celui-là?

PILLEMICHE.

On m'envoyait voir si vous étiez revenu. Je vais leur dire que vous êtes là. (Il rentre dans la taverne.)

ARNAULD.

On me prend pour un Martin-Guerre! serais-je compromis? (Pierre, Jean et Babette sortent de l'hôtellerie.)

JEAN.

Ah! le voilà! Nous te cherchions, Martin-Guerre.

ARNAULD, à lui-même.

Martin-Guerre encore!

PIERRE.

Nous te cherchions pour te dire adieu.

BABETTE, tristement.

C'est l'heure du coche.

(Arnauld leur impose silence avec des signes inquiets et mystérieux.)

JEAN.

Qu'as-tu? Ah! M. d'Exmès?... Tu l'attends?...

BABETTE.

Oui, vos grandes affaires!

PIERRE.

Nous te laissons. Mais n'oublie pas le fort Risbank. Adieu.

BABETTE.

Adieu, mon cousin.

ARNAULD.

Chut! (Il l'embrasse.)

BABETTE.

Comme vous m'embrassez! Ah! oui, c'est pour l'adieu. Eh bien! adieu. Vous nous écrirez, dites.

PIERRE et JEAN.

Adieu! adieu!

Arnauld, multipliant en silence les gestes à Pierre et à Jean et les baisers à Babette, les reconduit jusqu'à l'escalier du fond. Ils sortent.

MACETTE.

Eh bien! dis donc, Martin-Guerre, tu ne te gênes pas!

ARNAULD.

Chut!

(Il l'embrasse, lui montre l'hôtel d'Exmès, et la reconduit au seuil de sa taverne.)

MACETTE.

Quoi? que veux-tu dire?... M. d'Exmès?... Il va venir. (Arnauld l'embrasse.) Mais qu'est-ce que c'est? comme tu es aimable, ce soir!... Ah! tu veux que je te laisse?

(A la porte de son hôtellerie, elle reste un moment sur le seuil).

ARNAULD, à lui-même.

Il y a un Martin-Guerre à qui je ressemble! et il appartient à M. d'Exmès! Oh! si je pouvais le voir sortir. (Il se poste derrière un gros arbre.)

MACETTE, à elle-même.

Qu'est-ce qu'il a donc? Toujours son mystère! Mais comme il était donc aimable ce soir! (Elle rentre.)

SCÈNE XI.

MARTIN-GUERRE, GABRIEL, sortant de l'hôtel, ARNAULD, caché.

GABRIEL.

Et maintenant, Martin-Guerre, où allons-nous?

MARTIN-GUERRE.

Nous allons au Louvre, à la salle des Gardes, vous faire reconnaître dès ce soir. Et, dès demain, vous entrez en fonctions par l'attribution la plus importante et la plus précieuse de votre charge.

GABRIEL.

Laquelle ?

MARTIN-GUERRE.

L'inspection des prisons et bastilles d'État de Paris.

DEUXIÈME TABLEAU
Les souterrains du Châtelet.

A droite, un palier d'escalier occupe le tiers de la scène exhaussée. Sur ce palier, à droite, porte au premier plan ; au fond, en face, les premières marches de l'escalier supérieur ; à gauche, au fond, commencement d'un couloir. Un cachot en contre-bas occupe tout le côté droit de la scène. Dans ce cachot, auprès d'un pilier, un prisonnier, à la barbe et aux cheveux blancs, assis sur une pierre et tourné vers la muraille, cache sa tête dans ses mains.

SCÈNE I.

GABRIEL, MARTIN-GUERRE, LE GOUVERNEUR du Châtelet, UN PORTE-CLEFS tenant une torche. Ils entrent sur le palier par la porte de droite.

LE GOUVERNEUR.

Le prisonnier que vous venez de voir est le dernier, monsieur le capitaine des gardes. Puisque vous terminez par le Châtelet votre visite des bastilles d'État, j'espère que vous n'y avez pas trouvé un moins bon ordre que dans les autres prisons.

GABRIEL.

Il n'y a rien à y reprendre, monsieur le gouverneur. Mais avons-nous donc vu tous les cachots ?

LE GOUVERNEUR.

Oui, l'inspection ordinaire est achevée, et vous pouvez, monsieur, remonter au jour.

MARTIN-GUERRE.

Pardon, monsieur le gouverneur : je vois encore une mention sur le registre que vous m'avez donné à tenir. (Lisant.) *X..., prisonnier au secret. Si, dans la visite du gouverneur ou du capitaine des gardes, il essaye seulement de parler, le faire transporter dans un cachot plus profond et plus dur.*

GABRIEL.

Quel est ce prisonnier si important ? Peut-on le savoir ?

LE GOUVERNEUR.

Nul ne le sait. J'ai reçu ce prisonnier de mon prédécesseur, comme il l'avait reçu du sien. Sa captivité doit remonter au règne de François Ier. Vous voyez que, sur le registre d'écrou, la date de son entrée a été laissée en blanc.

MARTIN-GUERRE.

Je lis seulement cette indication : *Cachot XIII, cachot XXVI.*

LE GOUVERNEUR.

Le malheureux, malgré la défense, a essayé deux fois de parler. Mais, au premier mot, le gouverneur doit, sous les peines les plus graves, refermer la porte de sa prison et le faire transporter dans une prison plus sévère ; ce qu'on a fait deux fois. Il ne reste maintenant au Châtelet qu'un cachot plus terrible que le sien, et ce cachot sans air le tuerait. On voulait en venir là peut-être. Mais, depuis des années, le prisonnier se tait.

GABRIEL.

Mon Dieu !...

LE GOUVERNEUR.

L'homme ainsi enterré vivant doit être quelque criminel redoutable. Il demeure constamment enchaîné, et son geôlier, pour prévenir jusqu'à la possibilité d'une évasion, entre dans son cachot à toute heure.

GABRIEL, bas à Martin-Guerre.

Oh ! ami !...

MARTIN-GUERRE, bas.

Courage ! il faut du courage !

GABRIEL, haut.

Est-ce qu'il n'est pas de ma charge, monsieur, de constater la présence du prisonnier inconnu ?

LE GOUVERNEUR.

En ce cas, monsieur le capitaine, vous aurez soin d'omettre entièrement cette visite dans votre rapport, et de n'en rendre compte que verbalement.

GABRIEL.

A qui ?

LE GOUVERNEUR.

A M. le connétable, et à lui seul.

MARTIN-GUERRE, à part.

Au connétable !

GABRIEL.

Il suffit. Descendons à ce cachot, — à cette tombe.

LE GOUVERNEUR.

Ce sera pitié à vous, monsieur, de ne provoquer en rien le prisonnier à parler. Je vous répète que le transférer dans un cachot pire que le sien équivaudrait à le tuer.

GABRIEL.

Allons.

(Ils disparaissent dans le couloir. Le Porte-clefs ouvre la porte de gauche et, tenant toujours la torche, descend le premier dans le cachot, suivi de Gabriel, du gouverneur et de Martin-Guerre).

SCÈNE II.
LES MÊMES, LE PRISONNIER.

LE GOUVERNEUR.

Où donc est le prisonnier ?... Ah ! le voilà.

(Le prisonnier, sortant de l'ombre du pilier, se retourne, se lève, met la main devant ses yeux, comme offusqué par la lueur de la torche, puis arrête son regard sur Gabriel, ensuite sur Martin-Guerre. Il retombe alors assis, avec indifférence.)

GABRIEL, se tournant vers Martin-Guerre.

Ah ! Martin-Guerre !...

(A ce nom, le prisonnier tressaille, se lève, jette un cri. Martin-Guerre prend la torche des mains du Porte-clefs pour en éclairer son visage. Le prisonnier, éperdu, ouvre la bouche et va s'écrier.)

GABRIEL, avec épouvante.

Ne parlez pas !

(Le prisonnier, comme effrayé de lui-même, met ses deux poings devant sa bouche pour s'empêcher de parler.)

MARTIN-GUERRE.

Non ! ne parlez pas, monseigneur ! Moi qui peux parler, je parlerai, soyez tranquille !

LE GOUVERNEUR.

Oh ! si vous savez quelque chose du secret enseveli dans ce cachot, rappelez-vous que vous ne devez en rien dire qu'au seul connétable.

MARTIN-GUERRE.

Au connétable, soit ; mais ce sera, Gabriel, en présence du roi Henri II.

(En prononçant le nom *Gabriel*, il passe son bras droit sur les épaules du jeune homme et, de la torche qu'il tient, lui éclaire le visage. Le prisonnier, le regard ravi, leur envoie un baiser muet de ses deux mains unies sur ses lèvres.)

ACTE II.

TROISIÈME TABLEAU
Une ville pour un homme !

Salle d'un Rendez-vous de chasse dans la forêt de Saint-Germain. Au fond, grande porte à vitraux, deux hautes fenêtres en pan coupé. Portes à droite et à gauche.

SCÈNE I.

LE CONNÉTABLE, assis. ARNAULD DU THIL, qui entre par la porte du fond. Il porte un costume exactement semblable à celui de Martin-Guerre.

LE CONNÉTABLE.

As-tu pu rejoindre madame de Poitiers ?

ARNAULD.

Oui, monseigneur, et je lui ai remis votre billet. La chasse se rapproche, et madame la Grande-Sénéchale va tâcher de précéder ici le roi. — Elle me demandait, tout inquiète, comment il se faisait que vous arriviez seul, abandonnant votre armée...

LE CONNÉTABLE.

C'est bon ! je lui répondrai. Toi, réponds-moi. Je t'avais laissé à surveiller Gabriel d'Exmès.

ARNAULD.

Oui, et monseigneur me doit deux mille livres.

LE CONNÉTABLE.

Oh ! mon fils m'a pourtant dit, à Paris, que Diane de

France partait aujourd'hui même pour le couvent des Bénédictines, mauvaise nouvelle pour nous, et que M. d'Exmès était installé auprès du roi comme capitaine des gardes, bonne nouvelle pour notre rival.

ARNAULD.

C'est vrai, monseigneur, mais votre rival, je le tiens; oui, je possède sa plus intime amitié et sa plus aveugle confiance.

LE CONNÉTABLE.

Comment donc as-tu fait?

ARNAULD.

Moi, je n'ai rien fait du tout, et je n'ai rien à faire : c'est maintenant le hasard qui travaille pour moi et la nature qui joue à ma place.

LE CONNÉTABLE.

T'expliqueras-tu?

ARNAULD.

Eh bien, monseigneur, admirez ma chance : il se trouve que moi, je ressemble à s'y méprendre à un certain Martin-Guerre, écuyer, ami et frère naturel du jeune vicomte. Même taille, même tournure, à peu près même visage. J'observe et j'étudie mon homme de loin ; j'apprends sa voix, son pas, son geste ; je me suis fait faire, à vos frais, des habits pareils aux siens, et, quand je voudrai, monseigneur, les hommes qui me détestent le prendront pour moi, et les femmes qui... ne le détestent pas me prendront pour lui.

LE CONNÉTABLE.

Est-il possible !

ARNAULD.

Ce Martin-Guerre a élevé le vicomte d'Exmès et le dirige, et j'aurais à conduire votre ennemi au piége, au danger, à la mort, il m'y suivrait et me dirait merci.

LE CONNÉTABLE.

Ce serait merveilleux !

ARNAULD.

Et quel jeu amusant pour ma malice et mon industrie ! me chamailler et me battre avec un autre moi, voilà un plaisir ! Il y a dans les *Songeries drôlatiqués* de maître Rabelais une chimère à deux têtes, tête blanche et tête jaune, et la tête jaune mord de toutes ses dents la pauvre tête blanche qui crie de tout son gosier. Je vais donc être la tête jaune !

LE CONNÉTABLE.

Si tu disais vrai !... (Les cors sonnent l'arrivée.) Ah ! la chasse ! (Allant à la porte du fond.) Madame de Poitiers... Oh ! mais le roi est avec elle, et il faut qu'avant tout je la voie seule. Viens, sortons par là. Tu iras voir au Rond-point si un message que j'attends n'est pas arrivé. Viens.

ARNAULD.

Et mes deux mille livres?

LE CONNÉTABLE.

Certes, tu les auras, si tu ne m'as pas exagéré ton prodige. (Ils sortent par la droite.)

SCÈNE II.

LE ROI, DIANE DE POITIERS, entrent par la porte vitrée. Les seigneurs de la suite restent dans la galerie du fond.

DIANE DE POITIERS.

Pourquoi avez-vous quitté la chasse si brusquement, mon cher sire? Qu'est-ce donc qui vous a troublé?

LE ROI.

Diane, cette forêt de Saint-Germain me porte, je crois, malheur. Malgré toutes mes précautions, je me suis égaré, et, sans savoir comment, je me suis trouvé... devinez où : au carrefour des Quatre-Chênes.

DIANE DE POITIERS.

Sire !...

LE ROI.

A ce carrefour, il y a vingt ans, — je n'étais alors que le dauphin, — le comte de Montgomery allait être déchiré par un sanglier furieux, je lui ai sauvé la vie... Seulement, depuis, je la lui ai reprise.

DIANE DE POITIERS.

C'est Dieu qui la lui a reprise, sire.

LE ROI.

Oh ! madame, je veux croire, je crois que vous ne l'aviez pas aimé. Mais, enfin, tout son crime était donc de vous aimer, lui ! Et parce que j'étais fils de roi...

DIANE DE POITIERS.

Mon cher seigneur, laissez ces cruels souvenirs.

LE ROI, douloureusement.

Ah ! c'est qu'ils ne veulent pas me laisser !

DIANE DE POITIERS.

Aurez-vous donc toujours cette âme pleine de doute et d'ombrage ?

LE ROI, lui baisant la main.

Dites pleine d'amour, ma Diane; c'est la flamme de l'amour qui fait ces ombres-là.

UN PAGE, à la porte du fond.

Madame Diane de France arrive de Paris.

LE ROI à Diane de Poitiers.

Ah ! oui, la cruelle enfant qui veut aussi me faire souffrir ! (Au page.) Nous recevrons madame Diane de France dans notre cabinet des armes. (Présentant la main à Diane de Poitiers.) Venez-vous, ma mie ?

DIANE DE POITIERS, s'inclinant.

Je rejoins à l'instant votre Majesté.

(Le roi sort par la porte de gauche.)

SCÈNE III.

DIANE DE POITIERS, LE CONNÉTABLE, qui parait à la porte de droite dès que le Roi est sorti.

LE CONNÉTABLE.

Diane !

DIANE DE POITIERS.

Oh ! mon pauvre connétable !... comme vous avez l'air consterné ! qu'est-ce donc qui vous arrive ?.. Parlez vite, le roi m'attend.

LE CONNÉTABLE.

Diane, avant-hier, jour de la Saint-Laurent, l'armée sous mes ordres a essuyé dans les plaines de Gibercourt une horrible défaite. J'ai moi-même été blessé, fait prisonnier ; je viens, sur parole, chercher l'argent de ma rançon.

DIANE DE POITIERS.

Oh ! mon ami !... — Qu'ai-je à faire ?

LE CONNÉTABLE.

Vous seule pouvez apprendre au roi mon malheur.

DIANE DE POITIERS.

Eh bien ! j'y vais à l'instant.

LE CONNÉTABLE.

Merci !

DIANE DE POITIERS.

Nous sommes-nous jamais abandonnés l'un l'autre ? Cependant, ne vous fiez pas trop à mon pouvoir, fragile appui qui dépend d'un souffle. Le roi m'a fait frémir, là, tout à l'heure : son soupçon, — après dix-huit ans, — vit toujours. Et l'homme qui peut donner raison à ce soupçon n'est pas mort.

LE CONNÉTABLE.

Vous oubliez qu'il est mort s'il parle.

DIANE DE POITIERS.

N'importe! il a des preuves, et, tant qu'il vivra, je tremblerai. Pour l'instant, rentrez là ; je vais encore essayer de ce que peut pour mon vieil allié sa fidèle amie.

LE CONNÉTABLE.

Diane, à la vie, à la mort, comptez aussi sur moi.

(Il sort par la gauche.)

LE PAGE annonce.

Madame Diane de France. (Diane de France paraît au fond accompagnée d'une sœur Bénédictine.)

DIANE DE POITIERS, se retournant.

Ah !... Madame Diane de France voudra bien attendre ici que le roi ait donné l'ordre de l'introduire. (Les deux femmes se saluent froidement. Diane de Poitiers entre à gauche.)

SCÈNE IV.

DIANE DE FRANCE, puis GABRIEL.

DIANE DE FRANCE, à elle-même.

Oui, ma hautaine ennemie veut encore se placer

entre le cœur de mon père et moi. (Apercevant Gabriel qui entre.) Ah! monsieur d'Exmès! vous!

GABRIEL.

Le capitaine des gardes a le privilége d'entrer ici; Gabriel d'Exmès vous demande en grâce de l'écouter une minute. (Diane fait un signe, la Bénédictine se retire au fond.)

DIANE DE FRANCE.

Parlez, parlez. Je suis contente, au moment où je pars, de pouvoir vous dire adieu; car, vous voyez, je pars, et l'habit de la sœur qui m'accompagne vous dit où je vais.

GABRIEL.

Eh bien, justement, il faut rester. Diane! il faut m'oublier! il faut m'abandonner à ma destinée!

DIANE DE FRANCE.

Gabriel!... oh! qu'est-ce que je vous ai fait?

GABRIEL.

Ah! rien que de bon, de noble et de doux. Mais, depuis le jour où, sous les arbres du Mail, vous m'avez remis ce brevet, un choc affreux a bouleversé ma vie.

DIANE DE FRANCE.

Qu'est-ce donc, mon Dieu?

GABRIEL.

Je ne puis tout vous dire, et je ne sais pas tout moi-même. Mais je ne m'appartiens plus, j'appartiens au combat et au danger.

DIANE DE FRANCE.

Et vous m'écartez de vos peines!

GABRIEL.

Ah! c'est là ma peine la plus cruelle! — Diane, je vous avais voué en silence ma vie et mon amour. Mais, heureusement pour vous, rien de pareil ne vous lie.

DIANE DE FRANCE, avec un sourire douloureux.

Oh! heureusement pour moi!

GABRIEL.

Oui, Diane, car mon malheur nous sépare encore: on m'a laissé pressentir que le roi est mêlé à ce malheur.

DIANE DE FRANCE.

Mon père!

GABRIEL.

Ainsi ma cause ne saurait être la vôtre... non qu'elle ne soit juste et sainte! mais elle est si difficile et si périlleuse!

DIANE DE FRANCE.

Fort bien! et moi je ne suis pour vous qu'une étrangère! nous n'avons pas grandi orphelins ensemble! et, justement parce que je suis la fille du roi, je ne peux pas même essayer d'intervenir entre mon père et vous!

GABRIEL.

Diane, laissez-moi mon courage! Songez donc: à la première occasion offerte, aujourd'hui, tout à l'heure, la lutte peut s'engager pour moi; lutte inégale, où j'aurai tant à risquer, tant à souffrir!

DIANE DE FRANCE.

Mais vous voulez donc me tenter, vous! mais, pour peu qu'on ait l'âme élevée, ne savez-vous pas que le danger invite et que la chute attire! Ah! vous m'avez été si dévoué, ingrat! et vous voulez que je vous sois indifférente! Ah! vous êtes malheureux, méchant! et vous me défendez de vous consoler et de vous secourir! Ah! c'est ainsi!... Eh bien, non! vous m'auriez mise de vos joies, je veux, moi, être de vos douleurs! Ah! vous souffrez! eh bien, je vous aime!

GABRIEL.

Diane!...

LE PAGE, entrant par la gauche.

Le roi fait avertir madame Diane de France qu'il va venir la retrouver ici. Monsieur le capitaine des gardes, Sa Majesté vous mande que vous ayez à convoquer dans cette salle tous les gentilshommes et capitaines présents à Saint-Germain.

DIANE DE FRANCE.

Le roi!... Allez, Gabriel, allez! (Gabriel baise éperdument la main de Diane et sort par le fond.)

SCÈNE V.

DIANE DE FRANCE, LE ROI.

LE ROI.

Avant notre entretien, ma fille, il faut que vous sachiez, et vous allez savoir tout à l'heure pourquoi, en ce moment moins que jamais, il nous est permis de reprendre au connétable notre parole.

DIANE DE FRANCE.

Sire, moins que jamais aussi j'ai le droit d'engager ma vie.

LE ROI.

Ah! je vous aime, Diane, et vous me désolez!

DIANE DE FRANCE

Sire, je vous aime; pourquoi me désespérez-vous?

LE ROI.

Vous persistez à vouloir retourner aux Bénédictines?

DIANE DE FRANCE.

La voiture qui doit m'y conduire est là qui m'attend.

LE ROI.

Ce ne pourra être, en tout cas, aux Bénédictines de Saint-Quentin.

DIANE DE FRANCE.

A Saint-Quentin pourtant réside la sainte mère Ursule, qui m'a élevée. Pourquoi ne pourrais-je l'aller rejoindre?

LE ROI.

Vous allez l'apprendre avec tous nos gentilshommes.

SCÈNE VI.

LES PRÉCÉDENTS. Entrent par le fond LES GENTILSHOMMES et CAPITAINES, parmi lesquels GABRIEL et MARTIN-GUERRE; par la gauche, DIANE DE POITIERS, accompagnée de plusieurs dames. Plus tard, LE CONNÉTABLE.

LE ROI.

Venez, messieurs; j'ai à vous annoncer une douloureuse nouvelle, plutôt faite cependant pour exciter des âmes françaises que pour les abattre. Nous avons une grande revanche à prendre. L'armée commandée par notre connétable a été défaite avant-hier aux environs de Saint-Quentin... (Entre le connétable par la droite.)

LE CONNÉTABLE, fléchissant le genou.

Sire...

LE ROI, le relevant.

Vous n'avez, mon cousin, à plier le genou que devant Dieu: la bataille dépend des hommes, de Dieu seul dépend la victoire. Ne pensons plus à la défaite, mais aux moyens de la réparer.

LE CONNÉTABLE.

Sire, je ne veux rien dissimuler à Votre Majesté: l'armée est à peu près détruite, et la route de Paris ouverte à l'ennemi. La ville de Saint-Quentin, que les Espagnols assiégent, pourrait seule, en prolongeant sa résistance, arrêter la marche des vainqueurs. Par malheur, elle n'est guère fortifiée. Pour rassembler les débris de notre armée, il nous faudrait au moins une semaine, et mon neveu Coligny, qui s'est vaillamment jeté dans la place, n'était pas sûr, à mon départ, de pouvoir la garder deux jours.

LE ROI.

Et vous n'avez pas eu, depuis, de ses nouvelles?

LE CONNÉTABLE.

J'en attends, sire. (Cherchant des yeux Arnauld du Thil et apercevant Martin-Guerre.) Ah! te voilà! eh bien, t'es-tu informé de ce message?

MARTIN-GUERRE, étonné.

Monsieur le connétable se méprend; je me nomme Martin-Guerre, je suis à M. d'Exmès.

LE CONNÉTABLE, le regardant, surpris.

Ah! oui... (A part.) Arnauld ne m'a pas trompé, ressemblance étrange! (Un page vient lui présenter un pli. Haut.) Mais voici cette lettre, sire. (Sur un signe du roi, il l'ouvre et la parcourt.) L'amiral demande des hommes, et surtout des chefs. Si on ne lui en envoie, il ne répond pas de pouvoir tenir dans Saint-Quentin plus de quarante-huit heures.

LE ROI.

Ah! Saint-Quentin! Saint-Quentin! c'est là que gît maintenant la fortune de la France. Saint-Quentin, ma bonne ville, si tu tenais seulement huit jours, la défense du territoire pourrait s'organiser derrière tes murailles fidèles. Ah! pour chacune de tes heures de résistance, je te donnerais un privilége, et, pour chacune de tes pierres écroulées, un diamant. Huit jours! huit jours! qui donc fera que Saint-Quentin tienne huit jours!

MARTIN-GUERRE, à demi-voix, dans un groupe.

Mais c'est possible!...

LE ROI, se retournant.

Qui a parlé? (Silence.) Eh! si l'un de vous, messieurs, a quelque chose à dire, qu'il ne craigne donc rien, qu'il parle! qu'il parle vite! Ah! dans le péril présent, nous prêterions l'oreille au dernier piquier de notre armée.

MARTIN-GUERRE.

Sire, un humble soldat peut donc avoir l'audace d'élever la voix.

LE ROI, lui fait signe d'approcher.

Qui êtes-vous?

MARTIN-GUERRE.

L'écuyer de votre capitaine des gardes, sire. Mon seigneur est si modeste! il n'ose peut-être pas dire tout haut l'idée... — oh! une fière idée! — dont il me faisait part tout bas.

LE ROI.

M. d'Exmès a été le bras droit de M. de Guise au siége de Metz; quelle est donc son idée?

MARTIN-GUERRE.

Votre Majesté promettait tout à la ville qui se défendrait, elle accorderait tout, bien sûr, à l'homme qui la ferait se défendre?

LE ROI.

Oui, tout ce qu'il me demanderait! tout!

MARTIN-GUERRE.

Ah! c'est que cet homme ne serait pas le premier venu, au moins! il y aurait à imposer sa volonté et son courage à une ville tout entière; et cela durant huit jours, durant huit jours d'épreuve et d'épouvante. Mais, c'est tout de même, cet homme, je le connais, moi, je le vois à l'œuvre depuis six ans. Ah! il ne bronche pas, il ne recule jamais! pas plus dans l'impossible que dans le possible; jamais! Et cet homme-là, avec la permission de Votre Majesté, c'est tout bonnement son capitaine des gardes.

LE CONNÉTABLE, haussant les épaules.

Il est fou!

LE ROI.

Si pourtant il s'engageait à faire tenir Saint-Quentin! s'il nous donnait ces huit jours!... — Allons! qu'on nous laisse avec M. d'Exmès et son écuyer. (Les seigneurs présents se retirent. Le roi s'approche de Diane de France.) Diane, vous voyez pourquoi il est impossible que vous retourniez aux Bénédictines de Saint-Quentin.

DIANE DE FRANCE.

Parce qu'il y aura là des blessés et des mourants? Cette raison pour votre fille n'est pas suffisante, mon père.

LE ROI.

Entrez là, et ne partez qu'après notre audience à M. d'Exmès.

DIANE DE FRANCE, à part.

Oh! le secret de Gabriel, je veux le savoir, je le saurai! (Elle sort par la droite.)

GABRIEL, bas à Martin-Guerre.

Penses-tu bien à ce que tu risques?

MARTIN-GUERRE.

Non, je pense à ce que je veux gagner.

SCÈNE VII.

LE ROI, DIANE DE POITIERS, LE CONNÉTABLE, GABRIEL, MARTIN-GUERRE.

LE ROI.

Monsieur d'Exmès, parlez; croyez-vous réellement pouvoir prolonger de huit jours la défense de notre brave cité? Alors réclamez de nous, à votre gré, faveurs, dignités, titres, richesses.

GABRIEL.

Plus et moins que tout cela, sire.

DIANE DE POITIERS, bas au connétable.

C'est clair! la main de Diane de France.

GABRIEL.

Sire, ce que je sollicite n'est pas une faveur, c'est un pardon.

LE ROI.

Un pardon?

GABRIEL.

Oui, sire: la grâce d'un condamné.

LE ROI.

Et quel est ce condamné?

GABRIEL.

Mon père.

LE ROI.

Votre père, monsieur d'Exmès? Je ne savais pas que vous eussiez encore votre père.

GABRIEL.

Il y a quinze jours, sire, je ne le savais pas non plus.

LE ROI.

Ah! et quelle est la peine que subit votre père?

GABRIEL.

La plus dure captivité.

DIANE DE POITIERS, bas au connétable.

Que dit-il?

LE ROI.

Son crime a donc été bien grave? Quel a été ce crime?

GABRIEL.

Je ne saurais répondre à cette question, Sire.

LE ROI.

Et pourquoi, monsieur, voulez-vous me taire la vérité?

GABRIEL.

Mon Dieu! je l'ignore en partie moi-même.

LE ROI.

Vous l'ignorez!

GABRIEL.

Un seul homme la connaît tout entière.

LE ROI.

Et quel est cet homme?

GABRIEL, avec embarras.

Sire... je crois qu'il y a là un secret peut-être mortel... et je ne puis nommer cet homme, même à Votre Majesté.

MARTIN-GUERRE, s'avançant.

Eh bien! mais pourquoi donc? Cet homme, c'est moi, sire.

LE ROI.

Vous? — Comment! vous avez si longtemps dérobé à votre maître un secret pour lui si grave?

MARTIN-GUERRE.

Sire, je le devais. Mais aujourd'hui je suis prêt à le lui révéler, devant Votre Majesté.

LE CONNÉTABLE.

Prenez garde, l'ami! M. d'Exmès nous a lui-même avertis qu'il pourrait y avoir quelque témérité dans vos révélations. Vous êtes sûr de ce que vous allez avancer? Vous en avez des preuves?

MARTIN-GUERRE.

Oh! j'ai mieux que des preuves, monsieur le connétable; j'ai des témoins.

LE ROI.

Allons! parlez donc, parlez.

MARTIN-GUERRE.

Sire, un soir, il y a dix-huit ans...

DIANE DE POITIERS, tressaillant.

Dix-huit ans!

MARTIN-GUERRE.

...J'entrai pour mon service dans la chambre du seigneur chez qui j'étais page. — Oh! je l'aimais et il m'aimait!... Il faut que je dise... j'étais l'enfant d'un amour de sa jeunesse. — Il froissait une lettre, il était très-pâle, et il disait tout bas : On ne rira plus! Il se lève, il prend son épée, son manteau, il embrasse son jeune fils qui dormait, et il sort. Je le rejoins à la porte de la maison, il me défend d'aller plus loin. Mais je savais à peu près où il allait, et même quelle douleur l'attendait et quel danger, et je le suivis malgré sa défense.

LE ROI.

Mais d'abord son nom? le nom de votre maître? Pourquoi omettez-vous de dire son nom?

MARTIN-GUERRE.

Sire, il s'appelait le comte de Montgomery.

LE ROI et DIANE, en même temps.

Montgomery! (Gabriel éperdu serre la main de Martin-Guerre).

LE CONNÉTABLE.

Est-ce que le roi veut en entendre davantage?

LE ROI.

Attendez, connétable, — Monsieur d'Exmès, je croyais que celui dont on allait nous parler était votre père.

MARTIN-GUERRE.

La vicomté d'Exmès est un des apanages de sa famille, et il avait le droit d'en prendre le titre; mais son nom est Montgomery.

DIANE DE POITIERS.

Il est au moins inutile, sire, qu'on rappelle cette malheureuse histoire devant ceux qui sont ici.

MARTIN-GUERRE.

Je vous demande pardon, madame; il y a ici deux personnes qui ne connaissent pas cette histoire tout entière : mon maître et le roi.

LE ROI, stupéfait.

Moi, dites-vous?

DIANE DE POITIERS.

Sire, ne souffrez pas que...

MARTIN-GUERRE.

Ah! le roi a daigné m'interroger, madame.

LE CONNÉTABLE.

Eh bien, parle donc, mais prends garde!

MARTIN-GUERRE.

A quoi?... A ma vie? Oh! je sais très-bien que je l'ai risquée. Je n'ai qu'un appui, la justice, et qu'une force, la vérité.

LE ROI.

Mais, en présence du roi, cela suffit.

MARTIN-GUERRE.

C'est bien ce que je croyais, sire, et je ne me trouve pas si audacieux. (Se tournant vers Gabriel.) Monsieur d'Exmès, il y avait là, outre votre père, madame Diane de Poitiers, le connétable et monseigneur le Dauphin, aujourd'hui le roi, qui m'écoute.

LE CONNÉTABLE.

Eh! mais, apparemment, vous y étiez aussi, vous?

MARTIN-GUERRE

Oui, vraiment, monsieur, j'y étais, caché tout palpitant derrière une tapisserie. Oh! vous aurez oublié le détail insignifiant d'un jeune homme inconnu, qui, cette nuit-là, fit la tentative insensée de délivrer le comte, et qui fut surpris, frappé et laissé pour mort sur la place. Il n'était pas mort cependant; c'est lui qui vous parle.

LE CONNÉTABLE.

Sire, permettrez-vous que...

MARTIN-GUERRE.

Mais, monsieur, laissez-moi donc dire, puisque le roi veut bien m'écouter.—A mon arrivée, mon maître était emporté par une espèce de tempête de passion et de fureur. Il affirmait que madame de Poitiers l'avait accepté pour son prétendant et son fiancé. — Il n'y a plus ici, criait-il, de Dauphin de France! il y a un homme qui se dit aimé de la femme que j'aime! — Et il adjurait madame Diane, et il insultait M. le connétable, et il osait... oui, monseigneur, il osait provoquer le fils du roi. Le fils du roi tirait son épée; le connétable se jetait entre eux... Tout cela, pour moi, était confus, ha-

letant, douloureux comme un rêve, et les éclats de voix, les pas agités, les silences même me faisaient une sorte de vision terrible où je m'agitais comme dans la fièvre... Jusqu'à ce qu'enfin... (Il hésite.)

LE ROI, se levant.

Jusqu'à ce qu'enfin vous entendîtes le Dauphin crier au connétable : — Laissez-le! laissez-nous! son gant a effleuré mon visage; il faut à présent qu'il me tue ou que je le tue!

MARTIN-GUERRE.

Oui, je l'ai entendu, ce cri loyal et royal, et j'en rends témoignage, et vous aurez, monsieur d'Exmès, à vous le rappeler éternellement : il est la part du Dauphin de France.

GABRIEL.

Oh! sire...

MARTIN-GUERRE.

Madame Diane de Poitiers, elle, a jeté aussi un cri, mais naturellement moins héroïque; c'était pour appeler les hommes de l'escorte du prince. En une minute, mon cher maître était bâillonné, garrotté et emporté. Le Dauphin protestait, s'opposait, tout frémissant de colère et aussi de jalousie. — « Qui sait, après tout, disait-il, si cet homme ment, s'il n'est pas aimé? — L'épreuve en sera facile et prompte, dit le connétable. A votre avis, madame, que devons-nous faire de celui qui vient d'outrager ainsi le fils du roi? — Quelle est, répondit madame Diane, la peine des criminels de lèse-majesté? la mort, je crois? Mon avis est donc que cet homme meure. » Et M. le connétable s'écria : « Il me semble, prince, que madame est justifiée! Mais pas de jugement possible : l'injure, pour rester secrète, veut un secret châtiment. Le coupable ne doit ni mourir ni vivre; il doit disparaître. » Et M. le connétable se chargea courageusement de la disparition. — Ai-je dit la vérité?

LE CONNÉTABLE.

Je ne songe pas à la nier.

MARTIN-GUERRE.

Eh bien! j'avais promis que je produirais mes témoins; vous les avez entendus, monseigneur, le roi le premier. Maintenant, pour ce que le roi ignore, à votre tour soyez témoin.

LE ROI.

Oui, dites-nous ce que vous savez, vicomte d'Exmès.

GABRIEL.

Pardon, sire! je ne m'appelle plus le vicomte d'Exmès.

LE ROI.

Eh bien! parlez... comte de Montgomery.

GABRIEL.

Je ne suis pas non plus le comte de Montgomery.

LE ROI.

Comment! qu'êtes-vous donc?

GABRIEL.

Je suis le vicomte de Montgomery.

LE ROI.

Dieu! vous croyez que votre père n'est pas mort?

GABRIEL.

Sans doute, puisque je demande sa grâce. Il est vivant, sire! il est vivant!

LE ROI.

Vivant!... Ah! sur l'honneur, on me l'avait caché!

MARTIN-GUERRE.

Sur l'honneur, j'en étais sûr!

GABRIEL.

Sire, j'ai vu, j'ai touché mon père! il n'est pas mort, mais il meurt depuis dix-huit ans, dans une captivité qui ferait frémir le bourreau.

LE CONNÉTABLE, menaçant.

Monsieur!...

MARTIN-GUERRE, épouvanté, à Gabriel.

Oh! ne dites pas, vous, ne dites pas ce qu'est cette captivité! c'est moi plutôt, c'est moi...

LE ROI.

Non, achevez, monsieur; achevez sans crainte.

GABRIEL.

Sire, imaginez le supplice : chaque fois que le prisonnier essaye seulement de prononcer une parole, il est condamné à un cachot plus sombre et plus dur. Deux fois déjà il a descendu ces étages de l'enfer...

MARTIN-GUERRE.

Le dernier serait un tombeau.

LE ROI.

Oh ! connétable ! connétable !

MARTIN-GUERRE.

Voilà ce qui se passe, sire, et vous n'en savez rien. C'est évident ! si vous l'aviez su, il serait arrivé un jour, une heure, une minute, — en regardant vos fils, par exemple, — où vous auriez pensé à ce malheureux père. Alors vous auriez mis dans la balance la peine avec la faute, et, faisant bonne mesure, vous auriez dit : En voilà assez ! Mais non ! entre la pitié de ceux qui jugent et la souffrance de ceux qui expient, il faut qu'il y ait toujours, interceptant la clémence et confisquant le pardon, de ces complaisants du supplice et de ces empressés du châtiment !

LE ROI.

Qu'est-ce que vous répondez, monsieur le connétable ?

DIANE DE POITIERS.

Monsieur le connétable, laissez-moi répondre pour vous... et pour moi.

LE ROI, effrayé.

Vous, madame ! vous !

DIANE DE POITIERS.

Oui, sire, moi ; car j'ai agi de concert avec le connétable. Nous avons voulu, lui et moi, épargner au cœur de Votre Majesté jusqu'à l'ombre d'un scrupule et d'un souci, et nous avons pris sur nous la responsabilité de ce châtiment à la fois juste et nécessaire...

LE ROI.

Dieu !

DIANE DE POITIERS.

Il paraît que notre zèle a été coupable ? à la bonne heure ! Mais quoi ! aujourd'hui le roi n'a qu'à délivrer le comte de Montgomery, tout pour lui sera réparé ; l'odieux des tortures passées retombera sur nous seuls, et l'on dira de vous, sire : O le grand, le juste prince, qui fait grâce à ceux qui l'outragent et qui punit ceux qui l'ont aimé !

LE ROI.

C'est vrai !... que faire ?... Oh ! il y a là une invincible fatalité. et il semble aussi impossible de pardonner que de sévir.

GABRIEL.

Sire ! ah ! ne parlez pas ainsi ! mais on dirait que vous ne pensez plus à la grande rançon que je vous propose. Une ville pour un homme ! La défense de Saint-Quentin sauverait la France ; est-ce que, par-dessus le marché, elle ne peut pas sauver mon père ? Sire, Dieu m'aidera, je réussirai ! je ferai tenir Saint-Quentin huit, dix, douze jours. Oui, je ferai cela, et plus encore ! si, pour la précieuse liberté que je réclame, c'est trop peu de retarder la prise d'une ville, eh bien, sire, parlez, ordonnez, je vous en conquerrai une autre !

MARTIN-GUERRE, bas à Gabriel.

Enfant ! voilà une parole de trop !

DIANE DE POITIERS, bas au connétable.

Il est téméraire, ce jeune homme !

LE ROI.

Eh bien, voyons, mon cousin, vous-même, il me semble que vous êtes touché.

LE CONNÉTABLE.

L'homme est touché, sire, le ministre n'est pas convaincu. La promesse demandée est grave. En voulant préserver le royaume, ne compromettons pas le roi.

MARTIN-GUERRE.

Eh ! monsieur le connétable, vous qui calculez si bien, comment pouvez-vous oublier contre nous et pour vous la plus probable chance ? M. d'Exmès a parlé avec l'ivresse de son âge ; mais, dans cette entreprise désespérée, ne voyez-vous pas que nous allons... que nous voulons mourir.

DIANE DE POITIERS, bas au connétable.

Écoutez !

MARTIN-GUERRE, à Gabriel.

Oui, mon cher seigneur, ne vous faites pas illusion : que Saint-Quentin résiste ou succombe, nous resterons sur cette brèche que nous allons défendre. Mais qu'importe ! nous serons quittes de notre devoir, comme le roi sera quitte de sa dette.

DIANE DE POITIERS, bas au connétable.

Il a raison !

LE CONNÉTABLE, bas à Diane.

Et j'ai le moyen, moi, d'aider les chances mortelles ! (Haut.) Eh bien ! sire ?...

LE ROI.

Eh bien ?

LE CONNÉTABLE.

Si M. d'Exmès et son écuyer, qui sont là en possession d'un secret d'État redoutable, peuvent attester par serment, d'abord qu'ils sont les seuls à connaître ce secret, puis, qu'ils ne le révéleront à personne au monde qu'après leur œuvre accomplie...

GABRIEL, étendant la main.

Je le jure. (Martin-Guerre étend aussi la main en silence.)

LE CONNÉTABLE.

Cela étant, je trouve qu'il est impossible de tenir rigueur à tant de courage et de dévouement. Oui, vous pouvez, vous devez, sire, engager à M. d'Exmès votre parole en échange de la sienne.

LE ROI.

Ah ! Dieu soit loué ! je respire ! (A Gabriel.) Tenez donc, monsieur d'Exmès, vos vaillantes promesses. Je vous donne, moi, ma parole de gentilhomme et de roi que je ferai ce que vous voulez.

LE CONNÉTABLE, qui a rempli et signé un parchemin.

Voici, monsieur, votre commission pour Saint-Quentin.

GABRIEL.

Ah ! sire, merci ! merci !

MARTIN-GUERRE.

Allons ! mon cher seigneur, vous remercierez mieux le roi dans quinze jours, — à votre retour de Saint-Quentin. Car, au fond, je garde quelque espoir, monsieur le connétable, que nous en reviendrons — tous les deux.

QUATRIÈME TABLEAU
Le dernier jour du siége de Saint-Quentin.

Arrière-cour du logis de Jean Peuquoy. A droite, la maison : à gauche, un hangar. En face, mur à hauteur d'appui avec porte extérieure, le tout aux trois quarts démoli. Au fond, la ville toute dévastée et ruinée par le bombardement ; les maisons à demi écroulées à gauche, les débris des remparts à droite ; larges brèches partout, ne laissant debout que quelques pans de murs et de tours. Pendant les quatre premières scènes, il fait nuit, et le canon retentit au loin à des intervalles réguliers ; des lueurs rougeâtres éclatent par instants à l'horizon.

SCÈNE I.
JEAN PEUQUOY, PILLEMICHE, BABETTE, sortant de la maison ; plus tard, BOURGEOIS DE LA MILICE.

PILLEMICHE, à Babette.

Comment ! personne chez vous n'a vu, cette nuit, Martin-Guerre ?

BABETTE.

Mon Dieu ! non. Et, Macette ou moi, nous avons toujours veillé.

JEAN.

Vous avez rêvé, vous, Pillemiche ! Martin-Guerre est mort, bien mort !

PILLEMICHE.

Quand le diable y serait, je lui ai pourtant parlé. Je l'ai aidé à entrer dans Saint-Quentin. Il m'a demandé où était votre logis ; je lui ai indiqué l'autre porte, sur la rue des Filandières.

JEAN.

Mais comment n'est-il pas allé retrouver M. d'Exmès sur la brèche ?

PILLEMICHE.

Il m'a dit qu'il était trop fatigué.

JEAN.

Fatigué! lui, Martin-Guerre! Pillemiche, ou vous dormiez debout, ou vous avez cette fâcheuse infirmité qu'on appelle...

PILLEMICHE.

Qu'on appelle?...

JEAN.

Qu'on appelle la berlue. Mais venez vite rejoindre M. d'Exmès. O le brave jeune homme! par les renforts qu'il nous a amenés, par l'ardeur et l'habileté qu'il a déployées, il a jusqu'ici préservé la ville; et pourtant il dit que, s'il ne réussit pas à la maintenir au moins un jour encore, il est déterminé à se faire tuer sur le dernier pan de muraille. (Regardant vers la ville.) Ah! les sœurs Bénédictines qui vont aux ambulances.

(On voit passer au fond, précédées d'hommes du peuple portant des torches, huit ou dix Bénédictines, robe blanche et bleue.)

BABETTE.

Je les rejoins, mon frère.

JEAN.

Va, mon enfant, va. (Babette va se joindre aux Bénédictines.) Et voyez, toujours à leur tête, Diane de France. Saint-Quentin était déjà désespéré quand elle est arrivée ici. Le roi croyait qu'elle allait aux Bénédictines d'Orléans; mais elle a tourné, elle, du côté du danger. Et jour et nuit elle est là, cette fille de France, veillant, consolant, guérissant. Au couvent, on l'appelait la sœur Benedicta; mais nos pauvres gens, qui ne savent pas le latin, l'appellent tout bonnement la sœur Bénie, et ça vaut bien Madame la Duchesse. Sur ce, Pillemiche, aux remparts!

(Une douzaine de bourgeois armés passent en courant, au fond.)

PILLEMICHE.

Hé! Jean, on dirait votre compagnie.

JEAN.

Tiens! mais oui. (Élevant la voix.) Holà! où allez-vous donc, vous autres?...

UN DES BOURGEOIS.

La brèche Saint-André est emportée.

UN AUTRE.

M. de Coligny nous envoyait au fort Saint-Jean. Est-ce qu'il faut y aller?

LE PREMIER BOURGEOIS.

Pourquoi faire? c'est fini!

JEAN, la tête basse.

Oui, c'est fini. Depuis cinq jours l'ennemi nous laissait tranquilles, mais on pensait bien que le premier assaut serait le dernier! il ne nous reste pas un mur entier, pas une tour debout; notre pauvre Saint-Quentin est par terre comme un soldat qui s'est bien battu, et nous sommes perdus, c'est évident, perdus sans rémission et sans espérance.

LE PREMIER BOURGEOIS.

Oui, oui, il faut se rendre!

TOUS.

Il faut se rendre!

JEAN, étonné, relevant la tête.

Mais non, sont-ils bêtes! il faut mourir!

TOUS.

Mourir?

JEAN.

Eh! oui, feignants! M. de Coligny et M. d'Exmès nous montrent comment il faut faire. Nos pierres nous donnent le bon exemple. Le fort Saint-Jean tient encore..., (Il prend des mains d'un jeune garçon le drapeau aux armes de la ville.) Au fort Saint-Jean!

TOUS.

Au fort Saint-Jean! (Ils sortent.)

SCÈNE II.

MACETTE, ARNAULD DU THIL.

MACETTE, sortant de la maison.

Martin-Guerre!... Tu peux venir.

(Arnauld du Thil sort avec précaution, enveloppé dans son manteau.)

ARNAULD, déguisant sa voix.

Adieu. Je cours au danger!

MACETTE, le retenant.

Bah! tu as bien le temps! Cette nuit, au lieu d'aller te faire écharper pour les autres, tu t'es enfin laissé retenir par ta Macette; te voilà dans le vrai. Songe donc, mon Martin-Guerre... (Je peux t'appeler mon Martin-Guerre à présent!) Songe donc que je t'ai cru mort, que je t'ai vu pendu.

ARNAULD.

Raconte-moi encore...

MACETTE, étonnée.

Pour la seconde fois?...

ARNAULD, frappant du pied.

Je te dis: encore!

MACETTE.

Ah! bien! très-bien! (A part.) A la bonne heure! il parle en maître! (Haut.) Tu te souviens... — car en ce moment-là tu avais toute ta tête, — qu'en arrivant à Saint-Quentin, nous sommes tombés, toi, moi et Pillemiche, dans un bivac de Flamands. Ces brutes t'ont pris pour un Renaud... Arnaud... je ne sais plus. On nous a dit, après, que ce Renaud venait de leur échapper, en enlevant une certaine Gudule, la femme de leur capitaine. (Arnauld rit en se détournant.) Ils te demandaient: — Gudule? qu'as-tu fait de Gudule?... Comme si tu étais capable, pauvre innocent!... Après ça, maintenant, je ne sais plus trop si... (Arnauld frappe du pied avec impatience.) Bref, mon Martin-Guerre, j'ai vu ces furieux te garrotter et apprêter le nœud coulant... Alors je me suis évanouie. Mais Pillemiche, lui, a vu... la fin; il t'a vu hissé et pendu à un chêne.

ARNAULD.

Et mort? bien mort?

MACETTE.

Eh! oui; il l'a cru, au moins. Mais, enfin, mon Martin-Guerre, on t'a dépendu... en temps utile?

ARNAULD, avec impatience.

Parbleu! — Et... mon jeune maître?

MACETTE.

M. d'Exmès? Oh! la nouvelle de ta mort l'a mis au désespoir, et il se bat comme quelqu'un qui aurait bonne envie de te suivre, mon Martin-Guerre.

ARNAULD.

Ah! vous m'ennuyez avec votre Martin-Guerre!...

MACETTE.

Ingrat!.. Tu voudrais me faire peur!...mais non, tiens, je ne suis même plus jalouse de cette petite Babette, qui m'offusquait un peu, parce que tu lui plaisais, cher homme, et parce qu'enfin elle est bien plus riche que moi...

ARNAULD, dressant l'oreille.

Tu dis?...

MACETTE.

Ah! quelqu'un! je...

ARNAULD, qui a jeté un coup d'œil vers la rue.

Rentrez.

MACETTE.

Eh! mais si tu...

ARNAULD, la poussant du côté de la maison avec colère.

Rentrez donc!

MACETTE.

J'obéis, mon ami, j'obéis. (A elle-même.) Ah! mais quel homme à présent! comme la potence lui a profité!

(Elle rentre dans la maison).

ARNAULD, seul, regardant au fond.

Vive moi! on dirait cette petite Babette. Elle, j'épouserais bien sa dot! A tout à l'heure vos affaires, cher connétable! je suis en veine pour mon compte.

SCÈNE III.

ARNAULD, BABETTE.

ARNAULD, allant au-devant de Babette.

Chère cousine...

BABETTE, avec un cri de joie.

Ah! mon cousin Martin-Guerre! c'était donc vrai! vous n'êtes pas mort!

ARNAULD.

Babette! (Il lui tend les bras.)

BABETTE.

Ah! laissez, que je coure vous annoncer vite à
M. d'Exmès... Il vient d'être blessé.

ARNAULD.

Blessé!

BABETTE.

A l'épaule. Pas dangereusement. On l'apporte ici. Oh!
il sera si joyeux d'apprendre...

ARNAULD, cherchant à l'attirer à lui.

Non, restez! avant tout, on embrasse son cousin, la
mignonne! `

BABETTE, reculant.

Oh! comme vous me dites ça!

ARNAULD.

Je vous le dis mal?

BABETTE.

Vous me le dites un peu hardiment.

ARNAULD, souriant.

Et ça vous trouble?

BABETTE.

Non, cela m'offense.

ARNAULD.

Oh! oh! vous n'étiez pas si farouche à Paris!

BABETTE.

A Paris, vous étiez si timide! vous aviez presque l'air
d'avoir peur de moi; alors, moi, je n'avais pas peur de
vous.

ARNAULD.

Et vous ne me trouvez plus le même?

BABETTE.

Non : je ne sais pas si c'est d'être en campagne qui
vous change.

ARNAULD.

Enfant!.. Allons! voyons, un petit baiser!

BABETTE, reculant.

Non.

ARNAULD.

Pourtant vous m'en avez déjà donné, des baisers.

BABETTE.

Bien mieux! je vous en ai demandé. Oui, je vous
disais quelquefois : Embrassez-moi donc, cousin!
Vous vous approchiez, un peu gauche, avec votre bon
regard de frère, respectueux et tendre, et vous me
mettiez doucement au front un baiser... qui ne m'em-
barrassait pas. Mais maintenant, je ne sais pas, quand
vous me dites : Un petit baiser! votre geste, votre voix
ont l'air de se moquer, et je deviens rouge, et j'ai envie
de pleurer, et, tenez, laissez-moi, j'aime mieux me sauver, j'ai honte...

(Elle entre vivement dans la maison.)

ARNAULD, seul.

Voyez-vous cette petite mijaurée! Hum! le diable
se retire de mon jeu, revenons à celui du connétable.
(Regardant vers le fond.) — M. d'Exmès! où en est-il? Massacre! est-ce que ce n'est pas madame Diane de France
qui l'accompagne?... Voyons donc un peu.

(Il se cache dans l'angle de la maison.)

SCÈNE IV.

(Le jour se fait pendant cette scène. Le canon retentit toujours à
des intervalles réguliers).

JEAN PEUQUOY et UN AUTRE BOURGEOIS entrent soutenant GA-
BRIEL blessé; DIANE DE FRANCE, en Bénédictine, et UNE
AUTRE SŒUR les accompagnent. ARNAULD, caché.

JEAN.

Sœur Bénie, le blessé perd connaissance.

DIANE DE FRANCE.

Mettez-le là sur cette pierre : il se ranimera plus vite
au grand air. (On assied Gabriel sur un débris de mur. Le second
bourgeois sort. Diane examine la blessure). Ah! l'appareil s'est
dérangé. Aidez-moi, ma sœur.

JEAN.

Est-ce que c'est dangereux, cette blessure?

DIANE DE FRANCE.

Non, le danger n'est pas là. (Se rapprochant de Jean.)

Mais ce serait pour le blessé un coup terrible si Saint-
Quentin ne pouvait résister un jour encore.

JEAN, secouant tristement la tête.

Oui, je m'en doute, mais...

DIANE DE FRANCE.

M. de Coligny n'a pas capitulé, n'est-ce pas?

JEAN.

Non, sœur Bénie, tant que vous entendrez le canon,
c'est que nous tiendrons encore. Mais j'ai bien peur que
vous ne l'entendiez plus longtemps. (Gabriel, que soutient
la sœur, fait un mouvement.)

DIANE DE FRANCE.

Chut! il rouvre les yeux.

JEAN.

Je vais voir dans la maison si tout est prêt pour le
recevoir. (A la Bénédictine.) Venez, ma sœur. (Il entre avec
elle dans la maison.)

SCÈNE V.

GABRIEL, DIANE DE FRANCE, plus tard, BABETTE,
ARNAULD, caché.

GABRIEL, revenant à lui.

Diane?...

DIANE DE FRANCE.

Ne parlez pas!

GABRIEL.

Pourquoi donc?

DIANE DE FRANCE, à elle-même.

Mon Dieu! il me semble que le bruit du canon a
cessé.

GABRIEL.

Ah! je me rappelle... une blessure.

DIANE DE FRANCE, à elle-même.

Je n'entends plus rien!

GABRIEL.

Est-ce qu'il y a longtemps que je suis évanoui?

DIANE DE FRANCE.

Non... quelques minutes... (A part.) Plus rien!

GABRIEL.

Qu'est-ce donc que vous écoutez?... (Jetant un cri.) Ah!
je comprends. Le silence!

DIANE DE FRANCE.

Gabriel!

GABRIEL, avec désespoir.

Saint-Quentin a capitulé!

DIANE DE FRANCE.

Gabriel! voyons, quand cela serait, cette ville si fai-
ble, cette place ouverte n'en aurait pas moins, grâce à
vous, tenu douze jours entiers.

GABRIEL.

Non, Diane! non! Saint-Quentin a résisté douze
jours, mais ce n'est pas à moi que revient l'honneur de
cette défense. Dans les cinq derniers jours, quelqu'un
au dehors, — M. de Guise, le connétable, que sais-je?
— quelqu'un a occupé l'ennemi par des diversions puis-
santes, et a ainsi préservé la ville. Mais moi, j'avais
promis au roi huit jours, et je n'en ai réellement tenu
que sept.

DIANE DE FRANCE.

Oh! et vous croyez que le roi va exiger avec tant
de rigueur l'accomplissement de votre parole?

GABRIEL.

Ah! Diane, vous ne pouvez savoir, et il m'est défendu
de vous dire ce qu'en échange de mon engagement
rempli, le roi me devait à son tour...

DIANE DE FRANCE, à part.

Je le sais pourtant.

GABRIEL.

Mais mon œuvre inachevée est nulle et ne compte
pas. Je n'ai rien à réclamer du roi, rien! Ah! d'aujour-
d'hui j'ai perdu à jamais le repos et la joie.

DIANE DE FRANCE.

Gabriel! oh! mais je suis là! j'ai voulu justement
y être pour cette heure de l'épreuve, pour consoler
votre découragement comme pour panser votre blessure. Oh! je vous en prie, ne soyez pas si cruel, ne
souffrez pas tant! espérez encore!

GABRIEL.

Ah! Diane, plus vous êtes adorable, plus je suis malheureux! Voyez donc tout ce que je perds à la fois: d'abord l'objet saint et mystérieux de ma poursuite et de mes efforts; puis je ne sais quelle illusion bénie qui murmurait au fond de mon cœur que peut-être, après la victoire, je pourrais vous-même vous conquérir et vous mériter... Et le sort ne m'a pas même laissé celui qui dans l'action était mon conseil et mon soutien: mon frère Martin-Guerre est mort!

BABETTE, qui vient d'entrer.

Non pas, monseigneur, il est vivant.

GABRIEL.

Vivant!

BABETTE.

Eh! oui, il était là tout à l'heure.

GABRIEL.

Martin-Guerre!... Oui, en effet, on m'avait affirmé déjà... Mais alors où est-il? (Douloureusement.) Comment n'est-il pas venu à moi tout de suite?

BABETTE.

On va le chercher.

DIANE DE FRANCE.

Mais il faudrait rentrer, et l'attendre à la maison.

BABETTE.

Appuyez-vous sur nous.

GABRIEL.

Ah! j'ai retrouvé mes forces et mon courage.

DIANE DE FRANCE.

Avais-je raison de vous conseiller l'espérance?

GABRIEL.

Oui, ce qu'un ange promet, c'est Dieu qui le tient!

(Ils entrent tous trois dans la maison.)

SCÈNE VI.

ARNAULD DU THIL seul, puis JACK TOBIN.

ARNAULD, se montrant.

Eh! mais il me paraît assez mal en point, l'ennemi de mon connétable! Enlevons-lui jusqu'à son faux Martin-Guerre! Et, puisque j'ai fait pendre le vrai à ma place, je ne rapporterai pas au patron de trop mauvaises nouvelles. (Rumeurs et cris au loin.) Voilà les Espagnols, Anglais, Piémontais et Flamands qui font leur entrée dans Saint-Quentin; la pauvre ville va ressembler à la tour de Babel; bah! dérobons-nous à cette confusion. (Il se dirige vers la rue. Une troupe ennemie passe en courant au fond, Jack Tobin s'en détache et accoste Arnauld.)

JACK TOBIN, accent anglais prononcé.

Oh! je revois encore déjà vous?

ARNAULD.

Plaît-il? vous me connaissez, mon cher?

JACK TOBIN.

Yes, très-bien! Vous êtes Martin-Guerre, qui a été pendu et dépendu.

ARNAULD.

Tiens! oui, il me connaît. Adieu!

JACK TOBIN, le retenant.

Bonjour! — Je choisis vous prisonnier.

ARNAULD.

Moi! et de quel droit? De quel pays êtes-vous? Anglais, il me semble?

JACK TOBIN.

De Calais. Je mets ma juste fierté à être toujours dans les vainqueurs. Aujourd'hui je suis Anglais, lieutenant dans la garde bourgeoise anglaise, et marchand anglais. Mon nom est Jack Tobin. Je prononce Jacques Tobin quand je marche avec vos concitoyens français; mais, quand mes compatriotes anglais sont les plus forts, je prononce Djeck Tobinn.

ARNAULD.

C'est commode! mais ça ne me dit pas pourquoi je serais votre prisonnier.

JACK TOBIN.

Vous connaissez les termes de la capitioulécheune?

ARNAULD.

Non.

JACK TOBIN.

Saint-Quentin doit fournir cent prisonniers, nobles et bourgeois, au choix de nos capitaines, qui feront payer rançon à eux. Lord Grey, gouverneur de Calais et mon lord, a pour sa part un gentleman et un bourgeois. Il a chargé moi, moyennant récompense, de choisir eux de bonne étoffe...

ARNAULD.

Ah! ah! un gentilhomme et un bourgeois?

JACK TOBIN.

Yes, et je choisis vous bourgeois sur la mine.

ARNAULD.

Merci!... — Mais, dites-moi, si vos... élus n'ont pas par hasard sur eux l'argent de leur rançon, qu'est-ce que vous en faites?

JACK TOBIN.

Nous emmenons eux prisonniers à Calais.

ARNAULD.

Ah! vous les emmenez... Tiens! tiens! tiens! je crois que je vais rapporter au connétable de tout à fait bonnes nouvelles! Voulez-vous, Djeck Tobinn, que je vous propose une affaire?

JACK TOBIN.

Oh! yes, je comprends les affaires vraiment bien.

ARNAULD.

Voulez-vous que je vous indique un prisonnier noble de dix mille livres tournois?

JACK TOBIN.

Oh! comment s'appelle-t-il? où est-il?

ARNAULD.

Il est dans cette maison. Il s'appelle le vicomte d'Exmès.

JACK TOBIN.

Oh! je connais. — Lui noble très-bon. Et vous bourgeois bon.

ARNAULD.

Eh! non, moi mauvais! moi pauvre écuyer! Mais si je vous offrais, à ma place, un fort bourgeois de mille écus?

JACK TOBIN.

Nommez, montrez.

ARNAULD.

Jean Peuquoy, maître tisserand, toujours dans cette maison.

JACK TOBIN.

Le neveu de mon capitaine Pierre Peuquoy? Bien! très-bien! merci! — Oh! mais, je me souviens, sir Martin-Guerre: le vicomte d'Exmès est votre seigneur et Jean Peuquoy est votre parent. J'entendais vous dire cela à M. de Coligny tout à l'heure?...

ARNAULD.

Moi! je disais tout à l'heure?...

JACK TOBIN.

Yes, dans la Maison de ville.

ARNAULD.

Dans la Maison de ville?

JACK TOBIN.

Yes, quand vous racontiez comment vous aviez été pendu et dépendu.

ARNAULD.

Je racontais... Éclair et tonnerre! le vrai Martin-Guerre a été vraiment dépendu! et le revenant est dans Saint-Quentin!

JACK TOBIN.

Qu'est-ce que vous dites?

ARNAULD.

Je dis... je dis, Jack Tobin, que vous êtes mon sauveur! je dis que j'ai un bon cheval et que la route de Paris est belle! je dis qu'ayant été pendu et dépendu, je ne veux sous aucun prétexte être rependu!

(Il sort en courant.)

JACK TOBIN, seul, à lui-même.

Oh! je ne comprends pas ce gentleman; mais il semble à moi comprendre terriblement bien les affaires...— Ah! mon capitaine, et un de mes prisonniers.

(Il se tient à l'écart.)

SCÈNE VII.

JACK TOBIN; JEAN PEUQUOY, PIERRE PEUQUOY, casqué et armé, sortent de la maison; plus tard. MACETTE et BABETTE.

PIERRE.

Laissons les femmes, neveu Jean, et causons.

JEAN, marchant avec agitation.

Ah! mon oncle, ce Martin-Guerre! qu'est-ce que Macette et Babette ont donc contre lui? Où donc se cache-t-il? Faut-il qu'il ajoute encore à nos chagrins dans un pareil jour! Ma pauvre vieille ville!... Oncle Pierre, me voilà, comme vous, Espagnol ou Anglais, je ne sais pas au juste. Mais vous n'aurez toujours plus à me jalouser d'être gai.

PIERRE.

Qui sait, Jean, si nous ne redeviendrons pas gais tous deux ensemble? (A Tobin, qui s'avance en le saluant.) Hé! Jack Tobin, que fais-tu là?

JACK TOBIN.

Mon capitaine, prenez en bonne part ce que j'ai à dire à vous. Votre neveu Jean Peuquoy est prisonnier de lord Grey, à la rançon de mille écus, et, jusqu'à ce qu'il ait payé, il sera emmené prisonnier à Calais.

JEAN.

Moi, prisonnier!

PIERRE.

Lui à Calais!

JACK TOBIN.

L'autre prisonnier de lord Grey est milord d'Exmès, et je vais notifier à lui la nouvelle.

PIERRE.

Oh! Tobin, un seul mot. Qui est-ce donc qui a inventé ces deux prisonniers-là? Qui est-ce qui a fait ce beau coup double?

JACK TOBIN.

By God! c'est votre parent Martin-Guerre.
(Il entre dans la maison.)

SCÈNE VIII.

PIERRE PEUQUOY, JEAN PEUQUOY.

JEAN.

Encore Martin-Guerre! oh! c'est trop fort!

PIERRE, se frottant les mains.

Oui, Jean, tu as raison, c'est trop fort! il y a là-dessous quelque chose! Je ne sais pas ce que c'est, mais ça doit être quelque chose d'excellent. Voilà ma grande idée qui germe et qui pousse! Saint-Quentin est pris, c'est parfait! il faudra bien qu'on le reprenne, et on reprendra Calais par-dessus le marché.

JEAN.

Ce Martin-Guerre! je suis sûr qu'il veut m'éloigner d'ici; mais je vais payer les mille écus.

PIERRE.

Garde-t'en bien, malheureux! tu oublies le fort Risbank. Je vous emmène à Calais, M. d'Exmès et toi, comme manœuvres de la Providence. (Solennellement.) Tisserand, j'ai une commande à vous faire.

JEAN.

Quelle commande?

PIERRE.

Chut! une échelle... une grande, grande échelle de corde.

JÉAN.

C'est bon! mais si vous croyez que Martin-Guerre est entré dans votre idée.

PIERRE.

Je n'en sais rien. Il n'en sait peut-être rien lui-même.

(Macette et Babette sortent de la maison.)

JEAN.

Je vous dis, moi, que c'est un sournois et un perfide!

MACÉTTE, qui a entendu.

Oh! oui, un perfide! oh! je viens de causer avec Babette... Et on ne l'a pas encore revu, le scélérat?

PIERRE.

Non, pas encore.

BABETTE.

Et M. d'Exmès commence à s'impatienter et à se fâcher après lui.

JEAN.

Ah! tenez, c'est lui. Enfin!

PIERRE.

Voyons le venir.

SCÈNE IX.

LES MÊMES, MARTIN-GUERRE, arrivant du fond.

MARTIN-GUERRE, à lui-même, apercevant Pierre et Jean.

Ah! les voilà! — Comme ils vont être étonnés et contents! comme ils vont me recevoir à cœur-joie! Suis-je assez ému, moi! Ils ne me voient pas. Ils ont l'air bien sérieux! (Toussant.) Hum! hum! — Ils ne m'entendent pas. (Se décidant et s'avançant. Haut.) Eh bien! c'est moi.

JEAN.

Ah! c'est vous.

MARTIN-GUERRE.

Oui, moi, Martin-Guerre. On dirait que vous ne me reconnaissez pas. Mon Dieu! est-ce que je suis si changé?

PIERRE.

Oui, c'est vrai que vous êtes un peu changé, Martin-Guerre.

MARTIN-GUERRE.

Ah!... Ce n'est pourtant pas une raison pour me recevoir si froidement. J'ai eu bien des peines et des traverses, si vous saviez! j'ai encore payé pour un autre. J'ai été... j'ai été malade, malade à la mort, pendant près d'une semaine. Il n'y a que cinq jours que je vais mieux. Par exemple, je crois que depuis cinq jours je vais assez bien. Ah ça! mais vous ne me répondez pas, vous ne me regardez pas! Qu'est-ce que vous avez donc contre moi, voyons?

JEAN.

Et Babette? et Macette? qu'est-ce qu'elles ont contre toi, Martin-Guerre?

MARTIN-GUERRE.

Babette? Macette?

PIERRE.

Oui, elles sont là, se plaignant ensemble de toi, mais refusant de nous rien dire, à nous.

MACETTE.

Seulement Babette rougit.

MARTIN-GUERRE.

Ma chère petite Babette!

BABETTE.

Et Macette pleure.

MARTIN-GUERRE.

Ma pauvre Macette!

JEAN.

Et M. d'Exmès, ton jeune seigneur blessé, pourquoi as-tu l'air de l'éviter et de le fuir?

MARTIN-GUERRE.

Moi! Gabriel!

PIERRE.

Comment as-tu pu dire à Pillemiche, toi, toi! que tu étais trop fatigué pour te battre?

MARTIN-GUERRE.

Ah! dites donc, qui est-ce qui est fou ici? vous ou moi?

PIERRE.

Enfin, dans quel but incompréhensible, — car, pour cette chose-là, je ne peux pas te supposer coupable! — mais enfin dans quelle idée bizarre as-tu dénoncé, pour être emmenés prisonniers à Calais, qui? ton cousin Jean et M. d'Exmès ton maître?

MARTIN-GUERRE.

Oh! mais vous voulez donc me faire damner, mon oncle? Et d'abord, quand aurais-je commis toutes ces infamies-là?

JEAN.

Eh! depuis hier minuit que tu es ici.

MARTIN-GUERRE.

Depuis hier? mais j'arrive! — Je suis entré à Saint-Quentin il n'y a pas une demi-heure.

BABETTE et MACETTE.

Oh!

JEAN.

Allons donc! Pillemiche, Tobin, Macette, Babette t'ont vu et t'ont parlé.

MARTIN-GUERRE.

Ah! mon Dieu!

JEAN.

Qu'est-ce qu'il a?

MARTIN-GUERRE.

Un soupçon! un soupçon terrible, qui m'est venu déjà à Paris, dans les derniers temps, quand on m'accusait de toutes sortes d'actions impudiques et abominables dont le seul récit me faisait frémir.

PIERRE.

Quel soupçon?

MARTIN-GUERRE.

De deux choses l'une : ou je suis possédé, possédé du diable, et il y a des heures où je lui appartiens sans le savoir; ou j'ai un double, un semblable, pervers et scélérat, autre forme de Satan!

JEAN.

Est-il possible!

MARTIN-GUERRE.

Hé! vive Dieu! est-il plus possible d'imaginer que moi, moi qui ai tant fait... c'est-à-dire qui n'ai rien fait du tout, mais enfin qui ai suivi toujours et partout monseigneur, le protégeant, je veux dire lui obéissant comme un chien fidèle, est-il possible d'admettre que je sois devenu tout à coup, du soir au matin, un Caïn et un Judas!

SCÈNE X.

LES MÊMES, GABRIEL sortant de la maison; puis COLIGNY, plus tard, DIANE DE FRANCE.

MARTIN-GUERRE, s'élançant vers Gabriel.

Ah! mon cher enfant! mon bon jeune maitre! venez, venez me défendre.

GABRIEL, avec un cri de joie en l'apercevant.

Ah!... (D'un ton de reproche tendre.) C'est toi! c'est toi, enfin!

MARTIN-GUERRE.

Enfin?... c'est donc vrai? vous me demandiez, et je ne venais pas? Oh! et vous avez l'air fâché aussi!

GABRIEL.

Moi? je suis désespéré! — (Entre Coligny, avec sa suite.) Et voici M. de Coligny qui vient nous confirmer notre désastre.... Eh bien, monsieur l'amiral, tout est-il perdu, même l'honneur?

COLIGNY.

Non, ami; notre défaite est plus glorieuse qu'une victoire, et la prise de notre ville est triomphale! M. de Guise a eu le temps d'arriver à Paris avec les troupes du Piémont; les villes, les hommes sont prêts pour la défense du territoire; l'armée pourrait entrer demain en campagne, le royaume est sauvé! Et tout cela, je peux et je dois le dire, tout cela grâce à vous!

GABRIEL.

Oh! grâce à moi!...

COLIGNY.

Eh! oui, grâce à vous, qui aviez promis au roi de faire tenir Saint-Quentin huit jours, et qui en avez résisté douze.

GABRIEL.

Hélas! non. Vous oubliez que, dans ces cinq derniers jours, un autre....

COLIGNY.

Eh bien! mais qui était cet autre?

GABRIEL.

Ah! oui, qui?...

COLIGNY.

Hé! votre fidèle et vaillant écuyer.

GABRIEL.

Mon écuyer?

COLIGNY.

Mais oui; l'homme que voilà! les capitaines ennemis le complimentaient devant moi tout à l'heure. Un démon de courage et d'audace! Apprenant que Saint-Quentin allait être pris avant la date fixée, il est accouru, il s'est multiplié, il a rallié Beaugrand, Lauxford, le capitaine Durmont, et, pressant les chefs, enflammant les soldats, armant les paysans de faux, les enfants de cailloux, soulevant pour ainsi dire le sol contre l'étranger, il a si bien fait, si bien harcelé, inquiété, menacé l'ennemi, qu'il nous a donné, qu'il nous a gagné ces cinq jours!

GABRIEL.

Martin-Guerre!

MARTIN-GUERRE.

Ah! quand je disais que j'étais double! Mais celui-ci, c'est le vrai, monseigneur, c'est le bon!

GABRIEL, l'embrassant.

Oh! oui, le bon et le grand! mon frère!... Mais la joie m'a guéri, moi. Et nous n'avons plus qu'une chose à faire.

MARTIN-GUERRE.

Partir!

GABRIEL.

Partir sur-le-champ! partir pour Paris, pour le Louvre.

COLIGNY.

Impossible, monsieur le vicomte! vous êtes prisonnier désigné. Il vous faut le temps de recueillir votre rançon.

GABRIEL.

Oh! monsieur l'amiral! c'est que nous avons à réclamer du roi une promesse, une promesse urgente et sacrée! (Entre Diane de France.)

MARTIN-GUERRE.

Eh bien! mais je ne suis pas prisonnier, moi! Vous me rejoindrez au plus vite, monseigneur; mais, avec votre permission, j'irai toujours devant, j'irai au roi. Oh! vous ne pouvez pas me refuser cet honneur.

GABRIEL.

Tu dis cet honneur, Martin-Guerre? cela signifie ce danger! Il y a là encore un danger, et tu veux encore m'y soustraire!

MARTIN-GUERRE.

Par exemple!

GABRIEL.

Mais calcule donc les obstacles qui t'attendraient. On ne consentira même pas à te recevoir; qui te fera ouvrir la porte royale?

DIANE DE FRANCE, s'avançant.

Ce sera moi. Je pars ce matin pour Paris avec la supérieure des Bénédictines, et, si vous le voulez bien, monsieur le vicomte, j'aurai l'honneur de présenter au roi l'écuyer Martin-Guerre.

ACTE III.

CINQUIÈME TABLEAU.

Le roi et le soldat.

Salle au Louvre.

SCÈNE I.

LE CONNÉTABLE; DIANE DE POITIERS entre, agitée.

LE CONNÉTABLE.

Qu'y a-t-il, chère Diane? Vous semblez tout émue!

DIANE DE POITIERS.

Et vous tout joyeux! vous ne savez pas ce qui se passe?

LE CONNÉTABLE.

Si fait! le roi est, avec M. de Guise, à la revue de notre nouvelle armée; j'ai trouvé, moi, quelque part dans nos coffres, l'argent de ma rançon, et vous êtes aujourd'hui plus belle que jamais.

DIANE DE POITIERS.

Mais savez-vous qui nous arrive? qui nous arrive de Saint-Quentin?

LE CONNÉTABLE.

Qui? ce ne peut être M. d'Exmès; pour le moment,

grâce à l'astuce de mon Arnauld du Thil, il est prisonnier à Calais.

LE CONNÉTABLE.

DIANE DE POITIERS.

C'est Diane de France! et elle a demandé à parler
sur-le-champ au roi.

LE CONNÉTABLE.

Eh! qu'importe! elle ne peut rien savoir. Celui qui
saurait quelque chose, l'écuyer de malheur, a dû suivre
à Calais son maitre.

DIANE DE POITIERS, voyant entrer Arnauld.

Oh! n'est-ce pas lui?

SCÈNE II.

LES MÊMES, ARNAULD DU THIL, entrant effaré.

ARNAULD.

Monseigneur!... (S'arrêtant à la vue de Diane.) Ah!

LE CONNÉTABLE, riant.

Rassurez-vous, madame, ce n'est justement que cet
Arnauld du Thil. — Tu es bien hardi, mon drôle, de
pénétrer si brusquement jusqu'à nous.

ARNAULD.

Ah! monseigneur, c'est que je viens de voir...

LE CONNÉTABLE.

Qui donc?... — Vous permettez, madame? — Allons!
parle et sois bref. Qui as-tu vu?

ARNAULD.

Lui, mon semblable!

LE CONNÉTABLE.

Le Martin-Guerre?

ARNAULD.

En personne.

LE CONNÉTABLE, à Diane.

Ah! voici qui est plus grave. — Où et quand l'as-tu
donc rencontré?

ARNAULD.

Là, dans la cour du Louvre, tout à l'heure.

LE CONNÉTABLE.

Est-ce qu'il t'a vu, lui?

ARNAULD.

Il m'a trop vu.

LE CONNÉTABLE.

Est-ce qu'il t'a parlé?

ARNAULD.

Avec ses yeux.

LE CONNÉTABLE.

Effrayés.

ARNAULD.

Plutôt effrayants!

LE CONNÉTABLE.

Tu as payé d'audace?

ARNAULD.

En tournant le dos.

LE CONNÉTABLE.

Poltron, qui a peur de son ombre!

ARNAULD.

C'est qu'elle a des poings!...

LE CONNÉTABLE.

Qu'en sais-tu?

ARNAULD.

Je me connais, je suis très-fort.

LE CONNÉTABLE.

Il t'a poursuivi?

ARNAULD.

Comme un tonnerre.

LE CONNÉTABLE.

Il sait donc qu'il a un Ménechme?

ARNAULD.

Il doit le savoir.

LE CONNÉTABLE.

Laisse-nous, mais ne t'éloigne pas; j'aurai peut-être
à t'employer encore.

ARNAULD.

Trop bon! mais maintenant, monseigneur, le jeu devient diantrement risqué!

LE CONNÉTABLE.

Eh! va, va donc!

(Sort Arnauld du Thil.)

SCÈNE III.

DIANE DE POITIERS, LE CONNÉTABLE.

DIANE DE POITIERS.

Eh bien! avais-je quelque raison de craindre?

LE CONNÉTABLE.

Oui, l'écuyer vient à la place et au nom de son maitre, et nous voici devant le danger.

DIANE DE POITIERS.

Connétable, il est terrible! Si le prisonnier, — ce
Montgomery que j'ai eu la folie d'aimer un instant, —
est rendu à la liberté, il livre au roi, si jaloux, les preuves, les lettres qui me condamnent...

LE CONNÉTABLE.

Et, vous et moi, nous sommes perdus.

DIANE DE POITIERS.

Ah! ce sera bien votre faute! Est-ce moi qui, plutôt
que de le faire mourir tout de suite, ai laissé souffrir ce
malheureux pendant dix-huit années? Est-ce moi qui,
au lieu de le condamner à la mort, l'ai condamné à
l'agonie? O faiblesse déguisée en pitié! vous autres
hommes, vous savez bien avoir la cruauté; pourquoi
donc n'en avez-vous pas le courage?

LE CONNÉTABLE.

Diane!...

DIANE DE POITIERS.

Voyons! à présent défendons-nous! On peut toujours
empêcher cet écuyer, un homme de rien, d'arriver jusqu'au roi.

LE CONNÉTABLE.

Au contraire : il vaut mieux avoir affaire au fils
ignoré qu'au fils légitime.

DIANE DE POITIERS.

Oui, mais le roi? le roi qui est déterminé à tenir sa
parole? (Fanfare au dehors.)

LE CONNÉTABLE.

Le roi? Tenez, Diane chasseresse de rois, le voici qui
rentre. Et c'est sur le roi, je vous l'ai dit, que vous
pouvez, que vous devez agir.

DIANE DE POITIERS.

Oh! la tentative que vous me conseillez est peut-être
bien téméraire...

LE CONNÉTABLE.

Vous oubliez que la fée Mélusine était de votre famille de Poitiers, et je vous répète que vous êtes aujourd'hui plus belle que jamais.

SCÈNE IV.

DIANE DE POITIERS, LE CONNÉTABLE. — Entre le ROI.

LE ROI.

Vous savez la nouvelle, madame : Diane, ma fille, la
chère fugitive, nous allons la revoir.

DIANE DE POITIERS.

Oui, sire, et je m'en réjouis pour vous, plus que vous
peut-être.

LE ROI.

Plus que moi?

DIANE DE POITIERS.

La présence de votre fille pourra vous consoler un
peu de mon absence, quand je ne serai plus près de
vous.

LE ROI.

Quand vous ne serez plus près de moi?

DIANE DE POITIERS.

Oui, sire, je viens vous dire adieu. Je pars.

LE ROI.

Comment! que se passe-t-il donc?

LE CONNÉTABLE.

Sire, l'écuyer de M. d'Exmès est arrivé de Saint-
Quentin.

LE ROI, tressaillant.

Ah!... il est arrivé! — La dette qu'il vient réclamer
est grave, mais, enfin, c'est une dette.

DIANE DE POITIERS

Et Votre Majesté est résolue, comme de raison, à
payer ce qu'elle doit.

LE CONNÉTABLE.

Et même plus qu'elle ne doit : j'ai rappelé déjà au roi les termes précis de l'engagement pris en notre présence.

DIANE DE POITIERS.

Oh! mais le roi, mon cher connétable, ne peut pas s'en tenir à la lettre précise d'un pareil contrat. Que pour vous et pour moi sa générosité soit rigueur, peu importe! il convient que le roi fasse grâce en faisant justice. Seulement, moi, je n'attendrai pas, avec le retour du prisonnier, le triomphe de tout ce qui me hait à la cour, et M. de Montgomery, en rentrant au Louvre, m'en chasse.

LE CONNÉTABLE.

Il nous en chasse, madame.

LE ROI.

Eh quoi ! tous deux ! vous, mon ministre, vous, ma dame, vous m'abandonneriez tous deux! Non, c'est impossible!

DIANE DE POITIERS.

Sire, c'est nécessaire. Dans une heure j'aurai quitté Paris.

LE ROI.

Oh ! mais vous oubliez que ma vie est en vous. Je vous aime, Diane, je vous aime comme au premier jour. Mais vous, ne m'aimez-vous donc plus ?

DIANE DE POITIERS.

Est-ce moi qui ai jamais refusé de sacrifier à mon amour les scrupules de ma conscience? Oh! oui, je vous aime, et cent fois plus que vous ne m'aimez ! ce n'est pas le roi que j'aime, c'est Henri ; ce n'est pas Votre Majesté, c'est mon chevalier. Demandez au connétable ce que je lui disais à l'instant. Ah! comme je vous aime ! Toute ma joie et toute ma fierté, c'est d'être votre compagne... non, votre maîtresse... non, votre servante. Je ne vois que par vos yeux, je ne vis que par votre âme. Partir, pour moi cela voudra dire mourir... Je partirai d'ici à une heure.

LE ROI, entraîné.

Diane! ma Diane !... (Résistant). Ah! je ne puis pourtant faire autrement que de rendre ce père à ses fils !

DIANE DE POITIERS.

Sire, je ne puis faire autrement que de me soustraire à l'insulte et au mépris.

LE ROI.

Ainsi, vous partiriez, vraiment? vous me laisseriez seul? Mais qu'est-ce que vous voulez sans vous que je devienne? J'ai pris depuis tant d'années l'habitude de ne vivre que par vous! Voyez, regardez : sur ces murs, sur ces meubles, partout, votre chiffre enlacé au mien, comme mon existence à la vôtre. Votre image sous toutes les formes emplit ma maison et mon cœur. Pour effacer de ces lambris votre devise, il faudrait détruire le Louvre ; pour effacer votre pensée de mon âme, il faudrait m'arracher la vie.

DIANE DE POITIERS.

J'admire que vous me reprochiez de partir, vous qui m'exilez !

LE ROI.

Je vous exile !

UN PAGE, entrant.

Madame Diane de France demande au roi la permission de lui présenter elle-même un messager de M. le vicomte d'Exmès.

DIANE DE POITIERS.

Oh ! est-ce qu'elle saurait?... Je ne veux pas rougir devant elle. Adieu.

LE ROI.

Écoutez.

DIANE DE POITIERS.

Adieu ! (Elle sort.)

LE CONNÉTABLE.

Sire, elle part!

LE ROI.

Et je sens qu'elle emporterait ma vie! (Au page.) Nous sommes à madame Diane de France dans la minute.

Connétable, venez donc me redire un peu tout ce que M. d'Exmès avait promis.

(Sortent le roi et le connétable.)

SCÈNE V.

MARTIN-GUERRE, DIANE DE FRANCE.

(Ils restent au fond, près de la porte.)

MARTIN-GUERRE, avec agitation.

Oui, madame, oui, j'ai vu entrer au Louvre ce misérable qui prend ma ressemblance et qui, j'en suis sûr, est la créature du connétable et de madame de Poitiers.

DIANE DE FRANCE.

Eh ! que peuvent madame de Poitiers et le connétable ?

MARTIN-GUERRE, à demi-voix, comme à lui-même.

Que peuvent un lion et une lionne à qui on vient arracher leur proie!

DIANE DE FRANCE.

Nous n'avons affaire qu'au roi. Laissez-moi lui parler la première. Vous voyez qu'il n'a pas fait difficulté de vous recevoir. Ayez confiance.

MARTIN-GUERRE.

Ah! si vous saviez de quoi il s'agit...

DIANE DE FRANCE.

Ayez donc confiance!

MARTIN-GUERRE.

Voilà des années que je vais en avant, sans hésiter, sans douter, patient et tranquille. Mais les obstacles de la route, bataille, embuscade, assaut, ce n'était rien, l'armée ennemie, ce n'était rien ! Aujourd'hui, près du but, il me semble que me voilà devant le vrai danger. Aussi je suis bien aise que Gabriel n'ait pu venir, et je tremble qu'il n'arrive, et ma poitrine se serre, ma vue se trouble... Je ne sais pas au juste ce que c'est que la peur, mais je crois bien que j'ai peur.

DIANE DE FRANCE.

Peur ! mais pour qui?

MARTIN-GUERRE.

Oh! pas pour moi !

DIANE DE FRANCE.

Le roi... (lui désignant la porte de gauche.) Entrez là.

MARTIN-GUERRE.

Oh! madame, hâtez-vous ; j'attends, j'attends !

(Il sort par la gauche.)

SCÈNE VI.

DIANE DE FRANCE, LE ROI, DIANE DE POITIERS.

LE ROI, entrant, à Diane de Poitiers.

Oui, Diane, venez recevoir avec moi l'autre Diane, ma fille.

DIANE DE FRANCE, courant à lui.

Sire...

LE ROI.

Ah! embrassez-moi. Nous avons été bien inquiets de vous.

DIANE DE POITIERS.

Je suis heureuse de vous voir, madame.

LE ROI.

Et notre joie, au retour de l'enfant prodigue, est d'autant plus grande, que l'enfant prodigue n'a rempli son absence que de saintes et généreuses actions.

DIANE DE FRANCE.

Le rôle d'une femme se borne à peu de chose. Mais j'ai été là-bas le témoin de beaux faits d'armes et de vaillantes entreprises.

LE ROI.

Ne parlons que de vous ; M. de Coligny me parlera des autres.

DIANE DE FRANCE.

Excusez-moi, sire, j'ai promis de vous parler de quelqu'un.

LE ROI.

Eh bien, un autre jour ; vous arrivez à peine.

DIANE DE FRANCE.

J'ai promis de parler dès mon arrivée. Il s'agit de celui qui a su prolonger la résistance de Saint-Quentin pendant douze jours.

DIANE DE POITIERS.

Oh! avec l'aide de nos gens, et sous les ordres de M. l'amiral!

DIANE DE FRANCE.

Voici une lettre de M. l'amiral, certifiant en toute loyauté que, sans ce bienheureux secours, il eût été forcé de rendre douze jours plus tôt la ville.

LE ROI.

Allons! soit! nommez-nous donc le merveilleux auxiliaire.

DIANE DE FRANCE.

C'est M. le vicomte d'Exmès.

LE ROI.

Il suffit; et quand nous reverrons M. d'Exmès...

DIANE DE FRANCE.

Il a été emmené prisonnier à Calais, sire, et je me suis engagée, après vous avoir dit le service rendu, à vous rappeler la récompense promise.

LE ROI, avec emportement.

La récompense promise! ah! il vous a confié quelle était cette récompense! Eh bien! eh bien! il avait juré le secret. Il a manqué à sa parole; comment ose-t-il réclamer la mienne?

DIANE DE FRANCE.

J'affirme à Votre Majesté que M. d'Exmès, en m'apprenant qu'il avait promesse du roi, ne m'a pas même laissé entrevoir quelle pouvait être cette récompense. Le gentilhomme a gardé sa parole, et le roi peut tenir la sienne.

LE ROI, bas à Diane de Poitiers.

Oh! madame, la cruelle épreuve!

DIANE DE FRANCE.

Quel peut être le prix qu'il espère, il ne me l'a pas dit, sire. Mais je sais, mais j'ai vu quelle volonté surhumaine, quel effort héroïque, quelle intrépidité, quelle flamme et quelle fièvre le vicomte d'Exmès a dépensés, à toute heure, à toute minute, pendant ces douze jours. Obstacles, dangers, fatigues, blessures et mort, rien ne comptait, rien ne l'arrêtait! c'était effrayant! c'était superbe! Sire, j'ai assisté à ces prodiges, et j'ai compris que ce qu'il attendait, ce vaillant, que ce qu'il voulait, c'était quelque chose de grand et de sacré qui dépassait les ambitions connues de ce monde. Et moi, sire, en votre nom, je lui ai répété, à ce pauvre prisonnier victorieux, je lui ai confirmé que son roi, que mon père, ne serait pas le mauvais débiteur de cette dette sublime.

LE ROI.

Bien, mon enfant! oui, certes, j'acquitterai ma dette. (A Diane de Poitiers.) Il semble, madame, que le vicomte d'Exmès ait renouvelé les temps de la chevalerie par les prouesses qu'il a accomplies, comme par la récompense qu'il avait en vue. Je ne lui marchanderai pas cette récompense.

DIANE DE POITIERS, bas au roi.

Henri, prenez garde!

DIANE DE FRANCE.

Ah! sire, vous êtes bon! vous êtes grand!

LE ROI.

Attendez donc pour me louer, flatteuse! M. d'Exmès ne vous a pas dit le prix qu'il espère de nous; il ne devait pas, il ne pouvait pas vous le dire. Mais à présent, ma Diane, écoutez: il vous aime, vous l'aimez, et, malgré les projets contraires de madame et du connétable, le prix magnifique et charmant qu'il a gagné, ma fille, et que je lui donne... eh bien, c'est vous-même.

DIANE DE FRANCE, à part.

Mon Dieu!...

DIANE DE POITIERS, à part.

Ah! je respire...

LE ROI.

Eh quoi! vous vous taisez, Diane? vous n'êtes pas heureuse?

DIANE DE FRANCE.

Sire, je vous demande pardon : ce que vous dites n'est pas ce que vous avez promis.

LE ROI.

Comment! qu'en savez-vous? Il vous a donc dit?...

DIANE DE FRANCE.

Il ne m'a rien dit, mais je sais. Au rendez-vous de chasse de Saint-Germain, quand l'écuyer Martin-Guerre a fait l'effrayant récit, vous m'aviez fait entrer vous-même dans la chambre voisine, j'ai tout entendu, je sais tout.

LE ROI.

Juste ciel!

DIANE DE FRANCE.

Et maintenant, mon père, je réclame ouvertement de vous, au nom de M. d'Exmès, la liberté de son père.
(Le roi reste immobile.)

DIANE DE POITIERS, s'avançant.

Vous rendez-vous bien compte, Diane, de ce que vous demandez là?

DIANE DE FRANCE.

Oui, vraiment, c'est la justice.

DIANE DE POITIERS.

La justice ne peut vouloir que la dignité royale soit compromise.

DIANE DE FRANCE,

Ce qui compromettrait la dignité royale, ce serait de trahir un loyal engagement.

DIANE DE POITIERS.

Ce serait de ressusciter avec le prisonnier un mortel affront pour le roi.

DIANE DE FRANCE.

La grandeur du pardon couvrirait la grandeur de l'offense.

DIANE DE POITIERS.

Vous vous liguez contre votre père avec des étrangers. Vous oubliez la piété filiale.

DIANE DE FRANCE.

Je ne l'oublie pas, puisque je la défends.

DIANE DE POITIERS.

En manquant à votre père?

DIANE DE FRANCE.

Non, en croyant à sa parole.

DIANE DE POITIERS.

Votre parole, Henri? dites-lui donc que vous venez de me la donner, à moi, en échange de l'amour que je vous garde.

DIANE DE FRANCE.

Mon père, vous préférerez la promesse qui vous engage envers la souffrance.

LE ROI.

Ah! silence toutes deux! vous déchirez mon cœur! L'une me menace dans son amour, l'autre dans son respect. Silence!

DIANE DE FRANCE.

Mais... votre décision?...

LE ROI.

Ma décision, je ne la dois pas à ma fille, je la dois au fils du comte de Montgomery, et le fils du comte de Montgomery est absent.

DIANE DE FRANCE.

Il y a là, sire, pour attendre et recevoir cette décision, un autre fils du comte.

LE ROI.

Qui donc? ah! ce Martin-Guerre, le témoin funeste! Eh bien, soit! qu'il vienne, lui, je lui répondrai. Mais à lui seul. Vous, ma fille, laissez-moi. Vous aussi, oui, vous-même, Diane, ne soyez pas là. Je désire que vous ne soyez là ni l'une ni l'autre.

DIANE DE POITIERS.

Sire, que Dieu vous garde! (Elle sort par la droite.)

DIANE DE FRANCE.

Je paraissais plaider pour le père d'un autre, c'est vous que j'ai défendu, mon père. C'est pour vous-même que je vous supplie encore; je vous supplie d'avoir l'âme satisfaite et le sommeil tranquille.
(Elle sort par le fond.)

LE ROI, au page qui entre.

Faites entrer l'envoyé de M. d'Exmès. Le page sort par

la gauche. A lui-même.) Mon Dieu ! lequel de nous deux a le plus peur de l'autre ?

SCÈNE VII.

LE ROI, MARTIN-GUERRE.

MARTIN-GUERRE, s'inclinant.

Sire...

LE ROI.

Venez ; je sais toutes les grandes choses qui se sont faites à Saint-Quentin, je sais ce que vous attendez de moi.

MARTIN-GUERRE.

Ah ! sire, votre premier mot est un mot d'encouragement... Je l'espérais de votre bonté, je... Je vous écoute, Majesté.

LE ROI, marchant avec agitation.

Oui, écoutez-moi, écoutez-moi jusqu'au bout, et comprenez-moi bien. — M. d'Exmès a grandement mérité de la France et de nous. Si nous ne suivions que notre penchant, nous lui accorderions sur-le-champ plus qu'il n'a demandé. Mais la raison d'État commande. Nous avons dû consulter, réfléchir. Nous ne pouvons risquer d'amoindrir en notre personne la puissance royale... — Quand vous me regarderez ! nous ne le pouvons pas ! — Est-ce à dire que nous déchirons l'espèce de pacte consenti par nous ? non ! Seulement, nous sommes forcé d'en réclamer l'exécution entière. Or, M. d'Exmès n'a rempli qu'une partie de son engagement... — Hé ! d'où vous vient, à vous, cet air de surprise ? Vous étiez là quand votre maître s'est fixé à lui-même sa tâche. — « Sire, a-t-il dit, pour acheter la liberté de mon père, j'arrêterai les Espagnols huit jours devant Saint-Quentin ; et, si ce n'est pas assez, *et si ce n'est pas assez !* je reprendrai encore à l'ennemi une des places dont il est le maître. » Sont-ce là ses paroles, oui ou non ? Eh bien ! il n'a fait que la moitié de ce qu'il a dit. Il a préservé Saint-Quentin douze jours, voilà la ville défendue ; mais la ville prise, où est-elle ? Ham et Calais, Calais, cette clef de la France ! sont toujours, je crois, au pouvoir de l'Angleterre. — Ah ! vous n'avez rien à répondre à cela, rien ! L'engagement était téméraire ? Est-il plus simple de rendre à la liberté un criminel de lèse-majesté ? Pour obtenir l'impossible, on a offert l'impossible ; on ne l'a pas fait ! j'attends toujours le service inouï rendu à l'État qui me permettra d'enfreindre les lois de l'État. — Vous voyez, je prends la peine de vous expliquer tout cela. Vous êtes convaincu, je pense, et votre maître va se résigner. Allons ! répondez maintenant. Levez les yeux. Répondez ! qu'est-ce que signifie cet insupportable silence !

MARTIN-GUERRE, immobile et d'une voix profonde.

Que je réponde ?... Sire, vous êtes le roi ; sire, vous avez en otage une si chère et si fragile existence !... Tandis que Votre Majesté me défendait une parole et un regard, je n'étais plus dans ce palais, j'étais... dans un cachot. Et je voyais le vieillard qui, depuis dix-huit ans, ouvre là ses yeux fixes dans la nuit ; je voyais le mourant que le bourreau guette, et qu'un mot imprudent de ma bouche achèverait. Oh ! sire, par pitié ! souffrez que je me taise ! oh ! ma lèvre ne doit laisser rien échapper de tout ce qui gronde dans mon cœur ! Sire, soyez clément ! il ne faut pas que je parle ! il ne faut pas que je bouge ! il ne faut pas que je pense !

LE ROI.

Alors, si vous n'êtes que le messager muet de M. d'Exmès...

MARTIN-GUERRE.

C'est cela ! que Votre Majesté daigne seulement me faire savoir au juste ce que j'aurai à dire de sa part à mon maître.

LE ROI.

Eh ! mais... vous le savez.

MARTIN-GUERRE.

Non ; pas exactement, sire.

LE ROI, avec effort.

Eh bien ! vous direz à M. d'Exmès qu'il ait à remplir jusqu'au bout sa promesse, et qu'alors, mais alors seulement, nous remplirons la nôtre.

MARTIN-GUERRE.

Oui, j'ai bien compris : M. d'Exmès n'obtiendra la délivrance de son père qu'après avoir encore repris à l'ennemi Ham... ou Calais. — C'est tout, sire ?

LE ROI.

C'est tout. Seulement il est douteux, à vrai dire, qu'il s'engage dans une pareille entreprise.

MARTIN-GUERRE.

Sire, qu'est-ce que vous voulez qu'il fasse ? — Mais... il y a encore une chose... J'ai encore dans l'esprit un doute et un trouble... Tandis que ce fils obstiné reprendra son œuvre, vous vous rappelez, sire ? son père, le fantôme en cheveux blancs, il peut laisser échapper une parole, et alors il est précipité dans un cachot sans air qui le tue. Vous jugez, c'est là une idée, une image qui doit glacer parfois ce jeune homme, qui l'éveille en sursaut la nuit, et qui lui fait des cheveux blancs à lui-même. Faudra-t-il pourtant lui dire, Majesté, que l'horrible loi est maintenue ? Aura-t-il à penser que son père meurt peut-être pendant qu'il expose sa vie pour le sauver ?

LE ROI, troublé.

Non... je donnerai des ordres... Si le prisonnier doit vivre, son fils le retrouvera vivant.

MARTIN-GUERRE, respirant.

Ah ! très-bien !... Mais, que Votre Majesté m'excuse, je prévois une dernière question que M. d'Exmès va me faire. L'entreprise par laquelle il essayera de reconquérir une ville vous paraît à vous-même impossible et insensée...

LE ROI.

Hé ! pourquoi la risquez-vous, cette partie désespérée ?

MARTIN-GUERRE.

Sire, nous la risquons ! nous la risquons ! — Mais, quand cette partie sera perdue et que les fils auront péri, est-ce que le père n'en continuera pas moins d'attendre et de souffrir, durant des jours, des mois, des années, dans la nuit et dans l'oubli ? Est-ce qu'il achèvera ainsi sa vie, sans savoir que ses enfants ont combattu et sont morts pour le délivrer ?

LE ROI, ému.

Non ! non ! il le saura. Il aura cette consolation et cette joie. Il sera transporté dans quelque prison plus lointaine où il retrouvera l'air et la lumière. Vous pouvez le dire à M. d'Exmès, vous le pouvez. Emportez ma promesse, entendez-vous ? ma promesse solennelle.

MARTIN-GUERRE.

Et, cette fois, j'en suis sûr, Votre Majesté voudra d'autant plus la tenir, cette promesse, que nous ne reviendrons pas pour la lui réclamer.

(Il salue profondément et va pour sortir.)

LE ROI.

Arrêtez ! qu'est-ce que vous dites ? Faudra-t-il donc, pour que je me souvienne, que vous ne reveniez pas, malheureux ? Et, si vous échappez, si vous réussissez, croyez-vous que je vais vous dire : Cela ne compte pas ! c'est encore à recommencer ! Le croyez-vous ?.. Il le croit ! Mais c'est affreux, ce que vous pensez, c'est indigne !... Eh bien ! non, non, c'est juste ! il a raison, et je mérite sa méfiance ! Ah ! tu as beau te taire, allons ! je t'entends : j'ai marchandé et rusé avec l'héroïsme, n'est-ce pas ? quand on jouait des existences, moi, j'ai joué sur les mots ?

MARTIN-GUERRE, avec épouvante.

Oh ! je n'ai pas dit cela, sire ! je n'ai pas dit cela !

LE ROI.

Hé ! non, c'est moi, c'est moi qui le dis !

MARTIN-GUERRE.

Oh ! alors, sire, pour l'amour de Dieu, délivrez donc dès à présent, délivrez le prisonnier ! Vous avez vu la vérité, l'humanité, la justice ! rendez-nous notre père, sire ! Ah ! vous ne pouvez plus ne pas nous le rendre ! Après, nous vous aurons Ham ou Calais, soyez tranquille ! nous vaincrons, nous mourrons tant que vous voudrez. Mais,

par pitié, faites-nous ce crédit, faites-nous cette avance !
Ne nous laissez pas plus longtemps dans cette angoisse
et dans cette détresse, frustrés d'un bien que Dieu seul
peut reprendre, orphelins d'un père vivant ! — Délivrez, délivrez le père !

LE ROI.

Ah! je le voudrais, mais je ne le peux pas! — O Diane!
Diane ! — Moi aussi, je suis prisonnier, j'ai les mains
liées, et la fatalité me tient !

MARTIN-GUERRE, avec désespoir.

Oh !

LE ROI.

Mais, voyons, est-il si impossible qu'une ville soit
prise grâce à ton frère? M. de Guise est son ami, et
M. de Guise commande l'armée. Eh bien, essayez,
tentez, accomplissez ce nouveau miracle, et, sur ma
couronne, sur mon âme ! — tu entends, sur mon âme !
— le comte de Montgomery sera mis en liberté à l'instant même ! et, tiens, je double l'enjeu, M. d'Exmès
épousera Diane de France, ma fille ! et, si je peux vous
aider dans votre épreuve, appelez-moi ! Ah ! par mon
salut éternel ! je suis cette fois avec vous contre moi-
même ! — Voyons, qu'est-ce que tu dis à présent? qu'est-
ce que tu penses? Me crois-tu enfin ? me condamnes-tu
toujours?

MARTIN-GUERRE.

Sire, je vous crois! je vous crois! oh ! ce serait trop
horrible de ne pas vous croire! Quant à vous condamner ou à vous absoudre, pensons tous deux à ce prisonnier; à chacun son tourment, j'ai assez du mien ; si vous
avez le vôtre, causez-en avec votre conscience, c'est
l'affaire de plus puissant que moi !

LE ROI.

C'est juste ! — Adieu donc, et bonne chance!... Ma
fille ! ah ! je ne veux pas qu'elle me voie. — Oh! réussissez ! réussissez ! (Il sort précipitamment par le fond.)

MARTIN-GUERRE, seul, à lui-même.

Il fuit devant sa fille à cause de mon père !

SCÈNE VIII.

MARTIN-GUERRE, DIANE DE FRANCE, puis GABRIEL.

DIANE DE FRANCE.

Martin-Guerre!

MARTIN-GUERRE.

Oh ! vous êtes toute tremblante, madame : qu'y a-t-il
encore?

DIANE DE FRANCE.

M. d'Exmès ! voilà que M. d'Exmès arrive de Calais !

MARTIN-GUERRE.

Dieu !

DIANE DE FRANCE.

Il est sur mes pas. Je l'ai vu pâle, fiévreux, à demi
mort de fatigue et d'angoisse. Je l'ai devancé pour savoir... Qu'a répondu le roi? — Je suis au courant de
tout, je l'ai dit à Gabriel. — Quelle est la réponse?...
Ah ! le voilà ! (Entre Gabriel, tout haletant.)

MARTIN-GUERRE, à part.

Comment lui porter ce coup ? (Haut, courant au-devant de
Gabriel.) Eh ! vite, arrivez! arrivez donc, monseigneur!

GABRIEL.

Eh bien ! as-tu vu le roi ?

MARTIN-GUERRE.

Oui. Bonnes nouvelles! bonnes nouvelles ! tout est
pour le mieux !

GABRIEL.

Le roi nous rend notre père?

MARTIN-GUERRE.

Certainement, il va nous le rendre, il nous le rendra.

GABRIEL.

Tout de suite?

DIANE DE FRANCE.

J'en étais bien sûre !

MARTIN-GUERRE.

Oh! mais attendez, attendez donc! un peu de patience! — Nous avions oublié quelque chose, monseigneur.... oui, un petit supplément de dette.

GABRIEL.

Oh ! encore un retard !

DIANE DE FRANCE.

Un obstacle !

MARTIN-GUERRE.

Eh ! non, non, rien, vous dis-je ! ou du moins peu de
chose. — Ce qu'il y a d'admirable, c'est que c'est lui,
l'étourdi, qui s'est engagé ! — Le roi m'a rappelé cette
parole que vous aviez dite, Gabriel. Ma foi! moi, je me
suis piqué d'honneur, j'ai répondu : Qu'à cela ne tienne!

GABRIEL.

Oh ! mais qu'est-ce donc?

DIANE DE FRANCE.

Que peut exiger le roi?

MARTIN-GUERRE.

Ah ! sachez d'abord ce qu'en même temps il accorde.
La condition remplie, mes amoureux, il vous donnera
l'un à l'autre.

GABRIEL.

Diane !... — Mais, enfin, de quelle condition s'agit-il?

MARTIN-GUERRE.

Il s'agit?... Eh bien ! mon Dieu, il s'agit de prendre
Calais.

GABRIEL.

Prendre Calais!

MARTIN-GUERRE.

Eh ! oui, Calais, ou une autre ville. Puisque vous
avez promis une ville, il faut la payer.

GABRIEL.

Moi? j'ai promis?... Ah ! c'est vrai ! je me rappelle,
je me rappelle à présent ce cri, cette bravade de mon
amour filial exalté. Et aujourd'hui le roi veut.... Oh !
c'est abominable !

DIANE DE FRANCE.

Gabriel ! pardonnez-moi !

MARTIN-GUERRE.

Gabriel ! allons ! mon enfant, sois homme ! Allons!
ni cris, ni pleurs ! nous n'avons pas le temps, — des
actions! Le roi nous force.... — Nous ne nous plaignons
pas du roi, madame, nous le plaignons ! — Nous étions
peut-être bien des égoïstes de ne penser qu'à notre
père: il nous force de délivrer par la même occasion
notre mère la France, c'est très-bien cela ! Nous
n'avons jamais fait la moue au danger ni à l'honneur,
n'est-ce pas, mon Gabriel? Il se trouve que tu arrives
de voir les fortifications de Calais; nos amis, les Peuquoy, sont dans la place; M. de Guise est là tout prêt
avec une armée toute neuve.... Ah! je ris d'y penser !
la fortune a semé pour nous, frère ! allons gaiement à
la moisson!

GABRIEL.

Ah! avec un compagnon tel que toi, le découragement est impossible! Allons! viens. Vous, chère Diane,
merci — et adieu !

DIANE DE FRANCE.

Gabriel! vous retournez au danger, peut-être à la
mort, et sans moi !

MARTIN-GUERRE.

Ah ! madame, il faut bien qu'il vous gagne ! Quand je
vous dis que c'est une campagne magnifique ! Il sera
beau d'en revenir ! hé ! il serait beau d'y rester !

ACTE IV.

SIXIÈME TABLEAU.

Les deux Martin-Guerre.

Intérieur d'une cabane de pêcheur. Filets et engins de pêche suspendus aux murs. Portes à gauche et à droite. Fenêtre au fond.
Grand bahut appuyé au mur du fond.

SCÈNE I.

MACETTE, puis PILLEMICHE.

MACETTE, seule, écoutant près de la fenêtre ouverte.

La mousqueterie se tait du côté de Calais... (Entre Pillemiche boitant.) Ah ! Pillemiche! êtes-vous blessé, cher
ami?

PILLEMICHE.

Oui et non, Macette de mon cœur; j'ai passé et repassé dans le feu sans recevoir, je crois, plaie ni bosse; mais j'arrive avant les nôtres parce que mon ceinturon s'est déchiré et qu'il y a un ardillon qui me chatouille, mais qui me chatouille !

MACETTE.

Toujours intrépide et douillet! (Prenant le ceinturon.) Donnez; une courroie à rajuster, ça me regarde. — Et la journée a-t-elle été bonne pour les Français?

PILLEMICHE.

Oui et non, Macette chérie. La sortie des Anglais a été repoussée avec perte, et nous ramenons pas mal de prisonniers. Mais, pour le bien, il aurait fallu rentrer avec l'ennemi dans Calais.

MACETTE.

Comme vous y allez ! En quatre jours, M. de Guise a surpris le fort Sainte-Agathe, emporté le fort de Nieullay, et Calais ne peut déjà plus être secouru du côté de la terre.

PILLEMICHE.

Oui, mais du côté de la mer il y a ce grand gueux de fort Risbank.

MACETTE.

Eh bien! il n'y a qu'à le prendre aussi.

PILLEMICHE.

A la nage, alors? Nous manquons de flotte, Macette! Notre plus fort vaisseau de guerre serait, je crois bien, la barque de pêche du père Anselme, le maître de cette bicoque. En revanche, on a vu tantôt un navire anglais mettre à la voile pour aller donner l'alarme à Douvres, et nous allons avoir toute une armée sur les bras pas plus tard que demain. Voilà pourquoi il aurait été assez utile d'entrer dans Calais aujourd'hui.

MACETTE.

Mais M. de Guise, en ce cas, doit être joliment inquiet?

PILLEMICHE.

Vous pouvez dire désespéré, Macette.

MACETTE.

Et M. d'Exmès donc! et Martin-Guerre!

PILLEMICHE.

Eh bien! non. Je ne sais pas, eux, ils avaient l'air assez contents, et j'ai vu Martin-Guerre se frotter les mains en riant.

MACETTE.

Martin-Guerre riait ?

PILLEMICHE.

Il riait, oui, Macette! Et pourtant j'aurais juré qu'il ne rirait plus que le jour où il aurait attrapé et exterminé cet Arnauld du Thil, l'auteur de ses maux... et des vôtres.

MACETTE, pleurant.

Pillemiche, moi, je ne rirai plus jamais.

PILLEMICHE.

Si, Macette! vous sourirez, et puis vous rirez, et puis vous laisserez ce pauvre Pillemiche vous consoler, — après que le vrai Martin-Guerre vous aura délivrée du faux.

MACETTE.

Ah ! quand on pense que cet Arnauld du diable rôde toujours aux environs, tendant ses pièges! et sous un habillement tout pareil à celui de Martin-Guerre !

PILLEMICHE.

Oui, mais Martin-Guerre nous donne, tous les matins, un mot de ralliement nouveau. Et moi-même, moi qui me suis laissé tromper trop souvent par le faussaire, je suis sûr de pouvoir le dévisager à présent, et si jamais... (Prêtant l'oreille.) Hein? qu'est-ce qu'il y a?

(La porte de gauche s'ouvre vivement; Arnauld du Thil se précipite effaré dans la chambre; mais, à la vue de Macette et de Pillemiche, il la traverse en quelques bonds et s'élance dehors par la porte de droite. Martin-Guerre, le poursuivant, arrive par la gauche.)

SCÈNE II.

MACETTE, PILLEMICHE, MARTIN-GUERRE, ARNAULD DU THIL.

MARTIN-GUERRE, tout courant.

Attends, pendard! gueusard! (Il s'élance dehors, par la droite.)

PILLEMICHE.

Arnauld du Thil!

MACETTE.

Nous le tenons! (Pillemiche et Macette sortent en courant par la droite. Dès qu'ils sont dehors, Arnauld du Thil enjambe le rebord de la fenêtre et rentre en se courbant dans la chambre.)

MARTIN-GUERRE, au dehors, à gauche.

Alerte! à l'espion!

PILLEMICHE, au dehors, à droite.

Par ici!

(Arnauld du Thil court çà et là, indécis, avise le bahut du fond, l'ouvre et s'y blottit tout épouvanté, en laissant retomber le couvercle.)

MARTIN-GUERRE, sur le seuil de gauche.

Où est-il, le gredin?

PILLEMICHE, rentrant par la droite, saisit Martin-Guerre à la gorge.

Je te tiens, bandit!

MACETTE, sur le seuil de droite.

Ne le lâchez pas, le monstre !

MARTIN-GUERRE.

Hé ! c'est moi, Martin-Guerre.

PILLEMICHE.

A d'autres !

MARTIN-GUERRE.

Mais c'est moi! moi! moi !

PILLEMICHE.

Alors le mot de passe :
Que voit-on dans le miroir?

MARTIN-GUERRE.

L'image qu'il ne peut voir.

PILLEMICHE.

Oh ! pardon, bon Martin-Guerre! je croyais si bien avoir empoigné Arnauld du Thil!...

MARTIN-GUERRE, se tâtant le cou.

Et même, une idée de plus, tu l'étranglais! (Lui serrant la main.) Merci! — Oh! nous ne pouvons rester tous deux sur la même terre! Et il m'échappe encore!

PILLEMICHE.

Et à moi !

MACETTE.

Oui, tu n'as pas de chance : pour une fois que tu le tenais.... ce n'est pas lui.

MARTIN-GUERRE, s'asseyant sur le bahut.

Comment! cet espion, ce larron, ce traître qui nous a fait déjà tant de mal, et qui peut encore faire crouler notre chère espérance, je n'arriverai pas à l'écharper un peu, le gredin !

PILLEMICHE.

Oh ! j'ai donné le mot à nos postes et à nos rondes, et, s'il se perd dans le bois et dans la nuit, on le rattrape et on nous l'amène. — Ah ! voilà nos gens, avec des prisonniers.

SCÈNE III.

LES MÊMES, MALEMORT et SIX OU SEPT REÎTRES, amenant autant de prisonniers, parmi lesquels JEAN PEUQUOY et JACK TOBIN.

MALEMORT, à Martin-Guerre.

Maître, nos prisonniers; qu'est-ce qu'il faut en faire ?

MARTIN-GUERRE.

Voilà ce qu'il faut en faire... (Il embrasse Jean.) Bonjour, cousin.

JEAN.

Cousin, bonjour.

TOUS LES ROUTIERS, surpris.

Hein! comment?

MALEMORT.

Des ennemis!

MARTIN-GUERRE.

Eh! non! ces ennemis-là sont des amis! nous ne les

avons pas pris, ils se sont fait prendre. Ah ! mes bons camarades, recrutés et choisis parmi les anciens des guerres de Lorraine et d'Italie, vous êtes, vous et vos compagnons, une élite de quatorze braves qui suivraient, je crois, notre chef, M. d'Exmès, en enfer. Eh bien, ces bons Calaisiens, ces bons Français sont dignes de combattre à côté de vous. Je vous ai dit que nous allions avoir, cette nuit, un grand coup à frapper ; voilà ceux qui nous y aideront.

JEAN.

Cependant, je demande qu'on garde fortement lié et surveillé notre cher lieutenant Djick Tobinn, qui ne s'est pas fait prendre, lui, mais qui a bien et dûment été pris.

JACK TOBIN.

Oh ! moi ! Jacques Tobin, de nom, de cœur, d'accent français !

JEAN.

Oui, vous êtes Français, et vous savez prononcer le français, quand les Français sont vainqueurs.

JACK TOBIN, à demi-voix, à Martin-Guerre.

Monsieur Martin-Guerre, secourez-moi : vous me reconnaissez.

MARTIN-GUERRE.

Eh ! c'est la première fois que je vous vois, mon cher.

JACK TOBIN, bas.

Oh ! vous oubliez Saint-Quentin et notre bon petit trafiquage de votre maître et de votre parent.

MARTIN-GUERRE.

Comment ! malheureux ! c'est toi qui as acheté... Et tu me prends pour Arnauld du Thil, mon affreux semblable !

JACK TOBIN.

Oh ! j'ai entendu parler... Cette ressemblance... Mais alors je déteste aussi Arnauld du Thil. Il m'avait corrompu.

MARTIN-GUERRE.

Allons, assez ! — Mes amis, nous avons à nous recorder, Jean et moi. Entrez là-dedans. Macette, servez-leur votre meilleur hypocras. Dans trois minutes, nous vous portons le programme de la fête.

JACK TOBIN.

Monsieur Martin-Guerre, je méprise Arnauld du Thil ! je...

MARTIN-GUERRE.

Allons ! emmenez donc cet amphibie.
(Pillemiche entraîne Tobin. — Tous sortent par la droite.)

SCÈNE IV.

MARTIN-GUERRE, JEAN PEUQUOY, ARNAULD
DU THIL, caché.

MARTIN-GUERRE.

Et maintenant, cousin, à notre jeu ! Ah ! c'est la grande partie.... (Jean remonte écouter à la porte de gauche. — Martin-Guerre à lui-même.) La partie suprême, mon Dieu ! qui peut enfin délivrer le père ! En attendant, tâchons de ne pas trop exposer le frère. (Haut.) Voyons, Jean, convenons bien de nos faits et gestes.

JEAN, à la porte.

Nous n'attendons pas Pierre Peuquoy ? (Il redescend.)

MARTIN-GUERRE.

Pierre ? M. d'Exmès le présente en ce moment au duc de Guise, pour calmer un peu le cher général. Ah ! c'est qu'il n'était pas très-gai ni très-tendre tout à l'heure. Il nous disait : — Pâques-Dieu ! vous avez rêvé l'impossible ! pouvez-vous faire que demain les vaisseaux anglais arrivant de Douvres voient flotter sur le fort Risbank, à la place de l'étendard anglais, le drapeau de France ? voyons, le pouvez-vous ?

JEAN.

Alors Pierre est en train de lui expliquer comme quoi on nous a laissé, à nous bourgeois, la garde de ce fort Risbank, qu'on juge inaccessible aux Français. Mais, si nous parvenons à y introduire une compagnie française, si petite qu'elle soit, celle de M. d'Exmès,

par exemple, nous décidons les irrésolus, nous terrifions les peureux, — et l'impossible devient presque possible.

MARTIN-GUERRE.

Possible tout à fait, cousin !

JEAN.

Oui, sauf quelque menu danger de mort.

MARTIN-GUERRE.

Oh ! si peu de chose ! Pourtant, tu sais, Jean, qu'en fait de danger, je laisse toujours à M. d'Exmès la grosse part, la part du lion.

JEAN.

Ah ! tu lui laisses ?...

MARTIN-GUERRE.

Or, d'après notre plan, nous sommes obligés, cette nuit, de partager en deux notre petite troupe, d'en prendre séparément le commandement, Gabriel et moi, et, par conséquent, d'aller chacun de notre côté.

JEAN.

Oui, il y aura l'expédition de terre et l'expédition de mer.

MARTIN-GUERRE.

Eh bien, entre nous, cousin, quelle sera la plus périlleuse, hein ? la plus digne de monseigneur ?

JEAN, riant.

Oh ! ça saute aux yeux, Martin-Guerre !

MARTIN-GUERRE.

Oui, évidemment, le danger sérieux sera pour ceux qui vont rentrer par terre avec vous dans Calais.

JEAN.

Mais non ! mais non ! ceux-là, nous sommes censés, à notre tour, les ramener prisonniers ; nous les conduisons tout tranquillement au fort Risbank, nous les délions tout doucement à l'heure fixée, et nous leur rendons tout amicalement leurs armes.

MARTIN-GUERRE.

Oui, mais alors la moitié de la milice bourgeoise se déclare pour l'Angleterre ! une lutte terrible s'engage !... Allons ! je n'hésite pas à réserver à monseigneur cette glorieuse aventure.

JEAN.

Ah ça ! veux-tu me faire accroire !... C'est le coup de main par mer qui aura le vrai danger.

MARTIN-GUERRE.

Le coup de main par mer ? il est amusant, et voilà tout.

JEAN.

Amusant ! se jeter à huit dans la barque de pêche d'Anselme, aborder de nuit les récifs du fort Risbank...

MARTIN-GUERRE.

Une promenade aux étoiles !

JEAN.

Gravir les rochers avec les mains, les pieds, les ongles ; escalader dans la rafale, et à l'aide d'une simple échelle de corde, un mur à pic de cent quatre-vingts pieds...

MARTIN-GUERRE.

Une ascension en bon air !

JEAN.

Sans possibilité aucune de retourner en arrière ; car la barque ne peut être amarrée, et la mer engloutirait le poltron ou l'imprudent qui tenterait de redescendre.

MARTIN-GUERRE.

Eh bien, mais puisque nous voulons monter !

JEAN.

Oui, mais, au sommet, on risque fort d'être reçu par les lances et les arquebuses anglaises et de se trouver, suspendus à un nœud de chanvre, entre la tuerie en haut et l'abîme en bas.

MARTIN-GUERRE.

Piquante situation ! et, décidément, la mer, la noyade, la montée, la bourrasque, le combat, tous ces détails me tentent. Bah ! que monseigneur prenne pour lui le danger, je garde pour moi le plaisir.

JEAN, riant.

Oui dà ! par pur égoisme, pas vrai ?

MARTIN-GUERRE.

Ma foi ! oui, chacun pour soi ! — Celui des grimpeurs qui courra le plus gros risque, ce sera pour sûr le dernier...

JEAN.

Dame ! le moindre faux pas de tous les autres le précipite. Et cependant, pour servir de serre-file aux soldats, il faut que le dernier, ce soit le chef.

MARTIN-GUERRE, à part.

Et ce serait Gabriel ! non ! non ! (Haut.) Tant pis pour M. d'Exmès ! ce sera moi ! ce sera moi !

JEAN.

Oui, oui, intrigant, tu veux, comme à l'ordinaire, prendre pour toi les coups, et lui en laisser l'honneur.

MARTIN-GUERRE.

Comment?... (A part.) Mais ça se voit donc? Diable ! diable ! faisons attention !

SCÈNE V.

LES MÊMES, GABRIEL, PIERRE PEUQUOY, puis JACK TOBIN.

MARTIN-GUERRE.

Eh bien ! M. de Guise ?

PIERRE.

M. de Guise est un grand homme !

GABRIEL.

Si, au jour, nous avons arboré le drapeau français sur le fort Risbank, il nous appuiera par un assaut décisif.

PIERRE.

Pourvu que je ne meure pas d'ici-là !

GABRIEL.

Où sont nos gens ?

MARTIN-GUERRE.

Là.

GABRIEL.

Il faut les mettre au courant vite.

JEAN.

Attendez ! c'est que Jack Tobin est avec eux.

MARTIN-GUERRE.

Hé ! nous le laissons au camp.

JEAN.

Non ! il est bon qu'il rentre avec nous dans Calais.

PIERRE.

La chance tourne de notre côté ; Tobin entraînera les douteux, justement parce qu'il est douteux.

JEAN.

Pourtant, il sera sage de lui laisser ignorer le grand projet.

MARTIN-GUERRE.

C'est facile. (Il appelle.) Maître Jack Tobin !

JACK TOBIN, entrant.

Voilà ! (Apercevant Pierre, qu'il salue militairement.) Oh ! mon capitaine !

MARTIN-GUERRE.

Maître Tobin, nous avons quelque chose à dire aux braves qui sont là. Vous n'en êtes pas. Attendez-nous ici.

JEAN.

Et ne bougez pas, vous êtes au milieu du camp français !

(Martin-Guerre, Gabriel et les Peuquoy sortent par la droite. Arnauld du Thil soulève le couvercle du coffre.)

SCÈNE VI.

JACK TOBIN, ARNAULD DU THIL.

JACK TOBIN, tourné vers la porte de droite.

Oh ! s'il vous plaît, monsieur Martin-Guerre, je déteste comme vous Arnauld du Thil...

ARNAULD DU THIL, sortant du bahut, à part.

Ah ! tu veux m'écharper ! ah ! nous ne pouvons rester tous deux sur la même terre !

JACK TOBIN, parlant toujours à la porte.

Monsieur Martin-Guerre, vous verrez, si Arnauld du Thil tombe une fois sous ma main, je.... (Il fait un geste de massacre. Arnauld lui pose la main sur l'épaule.) Oh ! Martin-Guerre encore !

ARNAULD.

Arnauld du Thil ! Silence ! (Lui montrant une bourse.) Vingt écus d'or pour toi. Tu en auras autant après.

JACK TOBIN.

Oh ! quelle chose devrai-je faire avant ?

ARNAULD.

Tu seras, cette nuit, avec Pierre et Jean Peuquoy, sur la plate-forme du fort Risbank ; les Français escaladeront la grosse tour au moyen d'une échelle de corde.

JACK TOBIN.

Oh !

ARNAULD.

Tu les laisseras paisiblement passer tous. Mais le dernier, avant qu'il ait posé le pied ou le genou sur le parapet, tu te jetteras sur lui, et tu le précipiteras du haut de la tour.

JACK TOBIN.

Oh ! mais les autres seront en furie contre moi !

ARNAULD.

Non ! tu diras : C'était ce scélérat d'Arnauld du Thil, il était tombé sous ma main, je.... (Il répète le geste que faisait Tobin tout à l'heure.)

JACK TOBIN.

Je ne comprends pas bien.

ARNAULD.

Tu n'as pas besoin de comprendre ! aucun danger pour toi, et vingt autres écus d'or. (Il lui donne la bourse.)

JACK TOBIN.

Oh ! je comprends cette chose.

ARNAULD.

Et tu es résolu à faire le petit précipitage ?

JACK TOBIN.

Eh bien... oui ! (Bruit dans la chambre de droite.)

ARNAULD.

Ils reviennent. — Le dernier ! ne te trompe pas ! le dernier.

JACK TOBIN.

Le dernier ! (Arnauld sort en courant par la gauche.)

SCÈNE VII.

JACK TOBIN ; entrent JEAN PEUQUOY, puis MARTIN-GUERRE, GABRIEL, et PIERRE PEUQUOY.

JEAN, donnant à Tobin une épée et un poignard.

Tenez, Jack Tobin, je vous rends vos armes. Rejoignez là nos bourgeois qui s'en retournent à Calais.

JACK TOBIN.

Oh ! mais qui donc est victorieux ?

JEAN.

Les Français ! les Français ! les Français !
(Jack Tobin sort par la droite. Entrent Martin-Guerre, Gabriel et Pierre.)

MARTIN-GUERRE.

Mes amis, réfléchissez encore : vous renversez tout le plan que j'avais si bien arrangé.

GABRIEL.

Il le faut ; il faut que ce soit moi qui dirige l'escalade du fort Risbank.

JEAN.

Et toi, Martin-Guerre, tu commanderas ceux de vos hommes que nous sommes censés ramener prisonniers dans Calais.

PIERRE.

Allons ! donne ton épée, et marchons.

MARTIN-GUERRE.

Ma première combinaison est-elle vraiment si impossible ?

GABRIEL.

Eh ! oui, impossible ! on vient de te le prouver.

JEAN.

Sans doute ; puisque nous sommes obligés de passer devant lord Grey, le gouverneur de Calais...

PIERRE.

Il ne te connaît pas, toi, Martin-Guerre ; mais il reconnaîtrait M. d'Exmès, son ancien prisonnier...

GABRIEL.

Il voudrait me retenir, et tout serait compromis.

MARTIN-GUERRE.

Ah! une idée! si nous restions tous deux, monseigneur et moi, pour l'escalade.

JEAN.

Non, il faut un chef auquel obéissent les vôtres.

MARTIN-GUERRE.

Oh! mon Dieu!..

PIERRE.

Monsieur d'Exmès, prenez ce cor pour le signal. C'est moi qui l'ai fait, et j'en réponds, tout comme lui (Montrant Jean) répond de son échelle de cordes; nous l'entendrons même dans la tempête. Allons! en route!

MARTIN-GUERRE.

Oh! mon cher seigneur, faudra-t-il cependant que vous montiez le dernier?

JEAN.

Du moment qu'il s'agit de M. d'Exmès, ce n'est donc plus un plaisir?

PIERRE.

M. d'Exmès n'a pas l'air de bouder pourtant!

GABRIEL.

Sais-tu, ami, que tu finiras par m'offenser?

MARTIN-GUERRE.

Taisez-vous! — Toi aussi, le père te regarde; toi aussi tu as le droit de t'exposer pour lui! (Il l'embrasse.) Je te confie à Dieu.

(Il sort par la gauche avec Pierre et Jean Peuquoy.)

SCÈNE VIII.

GABRIEL seul, puis PILLEMICHE, MALEMORT et LES ROUTIERS; plus tard, ARNAULD DU THIL.

(La nuit s'est faite pendant la scène qui précède, et la cabane est dans l'obscurité.)

GABRIEL, regardant sortir Martin-Guerre.

Il est capable de revenir encore! Oh! hâtons-nous! je veux avoir à moi seul une entreprise et un danger. (Il va ouvrir la porte de droite.) Venez, venez vite, mes braves compagnons. (Entrent les Routiers.) Tout est bien entendu et expliqué, n'est-ce pas? Quand votre barque, Anselme, touchera le rocher du fort Risbank, je sonnerai de ce cor; Pierre Peuquoy nous répondra du haut de la tour; Jean Peuquoy nous jettera son échelle de cordes... Le plus exposé dans l'escalade doit être celui qui montera le dernier; je serai celui-là.

PILLEMICHE.

Je croyais que ce serait Martin-Guerre.

GABRIEL.

Non, ce sera moi. — Quel est ce bruit?

PILLEMICHE, allant à la porte de gauche.

Une ronde qui nous amène un homme.

MALEMORT.

Eh! c'est Martin-Guerre!

GABRIEL, avec colère.

Ah! j'en étais sûr!

(Quatre hommes se présentent, amenant au milieu d'eux Arnauld du Thil.)

PILLEMICHE.

Minute! le mot de passe.

Que voit-on dans le miroir?

ARNAULD.

L'image qu'il ne peut voir.

(Pillemiche fait un signe aux hommes de la ronde, qui laissent Arnauld et sortent.)

PILLEMICHE, à Arnauld.

Ah! Martin-Guerre, je savais bien que vous arriveriez, pour monter le dernier.

ARNAULD, à part, avec épouvante.

Le dernier! je suis un homme mort!

GABRIEL.

Eh bien! non, non, Martin-Guerre! je ne te céderai pas ce dernier danger, je ne monterai qu'après toi. Cette fois, je veux, je prends pour moi l'honneur.

ARNAULD, à part.

Bon! et la mort.

GABRIEL, aux Routiers.

Rangez-vous dans l'ordre de l'escalade. Pillemiche, tu monteras le premier.

PILLEMICHE.

Merci, monseigneur.

GABRIEL.

Puis, Malemort, Anselme, Lactance, les deux Sharfenstein, enfin Martin-Guerre, et moi. (Il les dispose.)

ARNAULD, à part.

Et, en attendant que je me débarrasse de mon ennemi, Jack Tobin va débarrasser le connétable du sien.

GABRIEL.

On ne se reposera qu'au centième échelon, et le temps seulement de compter jusqu'à soixante. Je n'ai pas besoin de rappeler à des intrépides tels que vous que, sur l'aventureuse échelle, aucune retraite n'est possible. Le gouffre pardonnerait encore moins que l'ennemi au lâche qui essayerait de redescendre.

ARNAULD, à part.

Diavolo! il faudra monter!

GABRIEL.

Et maintenant, en avant! à la garde de Dieu!

TOUS.

En avant!

(Ils sortent par la gauche dans l'ordre indiqué.)

SEPTIÈME TABLEAU.

L'Escalade.

La côte de l'Océan, à Calais. À droite et au fond, la mer et quelques crêtes de rochers sortant de l'eau. À gauche, la masse de murailles formant la partie centrale de la tour Risbank, dont la base se perd dans les dessous et dont le sommet se perd dans les frises. C'est la nuit. À travers le bruit de la vague et du vent, on entend résonner en bas un premier appel de cor, puis un second. Une échelle de cordes descend et file au flanc de la tour, puis semble se fixer et se tendre à son extrémité inférieure. Au bout de quelques instants, une tête apparait au dernier échelon visible, c'est Pillemiche qui monte, suivi de Malemort et des autres compagnons. Ils s'élèvent silencieusement le long de la tour, qui a l'air de s'abaisser à mesure. Pillemiche s'arrête, et, pendant une minute, ceux qui le suivent restent immobiles comme lui.

MALEMORT, touchant la jambe de Pillemiche.

Avance donc.

PILLEMICHE.

Je ne peux plus.

MALEMORT.

Pourquoi?

PILLEMICHE.

J'ai le vertige.

MALEMORT, se penchant vers le troisième.

Le premier a le vertige. (On entend répéter: Le premier a le vertige. Au bout d'un instant.) Voilà M. d'Exmès qui monte. (On voit, en effet, arriver Gabriel se cramponnant à la corde sur le côté. Il pose un pied à côté de celui de Malemort.)

GABRIEL, à Pillemiche.

Veux-tu avancer!

PILLEMICHE.

J'ai... le vertige.

GABRIEL.

Avanceras-tu!

PILLEMICHE.

Je tomberais et je vous ferais tomber tous.

GABRIEL, lui mettant la pointe de son poignard entre les épaules.

Sens-tu la pointe de mon poignard?

PILLEMICHE.

Ah! grâce!

GABRIEL.

Si tu ne marches pas, je te tue!

PILLEMICHE, terrifié.

Oh! pardon! j'obéis.

(Il se remet à monter.)

GABRIEL.

Ah! Martin-Guerre a ce qu'il veut: il est le dernier!

(Tocsin et bruits de combat au loin dans la ville. Gabriel, qui a pris la place de Malemort, monte après Pillemiche, suivi des autres. Après quelques instants, leur ascension amène la plate-forme de la tour. Dans l'espace que la tour cachait, apparait, s'étendant en demi-cercle, la place de Calais, avec ses forts, ses remparts et ses meurtrières, où brillent des lumières lointaines. Pierre Peuquoy, Jean Peuquoy et les Bourgeois de la milice reçoivent les arrivants et les aident à franchir le parapet.)

JACK TOBIN, à part.

J'attends le dernier. (Après le sixième, il se penche sur le parapet.) Hé ! montez donc, vous, le dernier, — ou je coupe l'échelle.

(La tête d'Arnauld du Thil apparaît. Tobin s'élance.)

ARNAULD.

Ah ! c'est moi, Arnauld ! je...

(Mais Tobin n'a pu arrêter son mouvement, et Arnauld, précipité, tombe en jetant un cri terrible.)

GABRIEL, à Tobin.

Misérable ! qu'as-tu fait ?

JACK TOBIN.

Hé ! j'ai tué Arnauld du Thil.

GABRIEL.

C'était Martin-Guerre !

MARTIN-GUERRE, s'avançant.

Non pas, vrai Dieu ! monseigneur ; c'était bien Arnauld du Thil. (Il plante l'étendard de France.)

GABRIEL, se jetant dans ses bras.

Oh ! ton sang coule...

MARTIN-GUERRE.

Oui, pour toi j'ai toujours du bonheur !

(La lueur du jour naissant éclaire l'horizon. Un coup de canon retentit au loin.)

MARTIN-GUERRE.

M. de Guise s'éveille. Le fort Risbank est à nous, et, dans deux heures, Calais est à la France. Vive la France !

TOUS.

Vive la France !

ACTE V.

HUITIÈME TABLEAU.
Le tournoi.

Aux Tournelles. La tente du roi, laissant voir au fond, quand elle est ouverte, la lice, la barrière et les estrades.

SCÈNE I.

LE CONNÉTABLE, UN HÉRAUT D'ARMES, puis DIANE DE POITIERS.

LE CONNÉTABLE, au héraut.

Le roi, quand il va venir se reposer ici, désignera, pour la seconde joute, une reine du tournoi, le juge du camp et les assaillants qui rompront contre lui les dernières lances. (Le héraut sort.)

DIANE DE POITIERS, qui vient d'entrer.

D'ordinaire, pour cette seconde moitié de la journée, le connétable était le juge tout désigné, et Diane de Poitiers était de droit la reine. Pourquoi l'usage est-il changé aujourd'hui ? Pourquoi le roi ne m'a-t-il pas encore adressé la parole ?

LE CONNÉTABLE.

Diane, depuis hier, il semble m'éviter aussi.

DIANE DE POITIERS.

Quoi ! serait-ce à cause de ces premières nouvelles reçues de Calais ? Etaient-elles si favorables, ces nouvelles ?

LE CONNÉTABLE.

Deux forts d'avant-garde surpris et emportés, rien de plus. Et cependant...

DIANE DE POITIERS.

Achevez. Croyez-vous donc que nos aventureux adversaires pourraient avoir cette chance inouïe ?

LE CONNÉTABLE.

Eh bien, oui, Diane, je vous le dis en frémissant, ils sont capables, ces fous, l'autre grand fou M. de Guise aidant, de s'emparer de Calais.

DIANE DE POITIERS.

Ah !... Cette fois, il n'y aurait plus de ressource.

LE CONNÉTABLE.

Le roi, sans vouloir rien entendre, délivrerait Montgomery.

DIANE DE POITIERS.

Oh ! mais, alors, est-ce que nous attendrons qu'il le délivre ?...

LE CONNÉTABLE.

Comment ? quelle est votre pensée ?

DIANE DE POITIERS.

Mon ami, si le roi mourait, nous serions, vous et moi, dans la journée, chassés du Louvre, exilés de Paris.... Eh bien ! dites-vous que le même sort nous menace si, dans le plus bref délai, le prisonnier au secret ne meurt pas.

LE CONNÉTABLE, la regardant.

Mais, — pour qu'il meure, — il faut qu'il parle ?

DIANE DE POITIERS.

Est-il si impossible qu'il parle, ce condamné au silence ?

LE CONNÉTABLE.

Oh ! si on allait à lui en ce moment, et si on lui disait tout bas : — Votre fils va venir ! votre fils va vous délivrer ! — il laisserait sans doute échapper un mot, un nom, un cri...

DIANE DE POITIERS.

Et nous serions sauvés !

LE CONNÉTABLE.

Diane !... oh ! ce serait affreux !

DIANE DE POITIERS.

Mais nous serions sauvés !... — Non, ce n'est pas cela que je dois dire à un dévouement tel que le vôtre.... Mon ami, je serais sauvée !

LE CONNÉTABLE.

Le roi... Eh bien ! Diane... eh bien ! je vais tenter de vous sauver. (Il sort par la gauche.)

SCÈNE II.

DIANE DE POITIERS. Entrent LE ROI, tout armé, sauf le casque, donnant la main à DIANE DE FRANCE, CHEVALIERS, GENTILSHOMMES, DAMES, PAGES, etc.

DIANE DE FRANCE.

Sire, vous êtes en vérité le plus brillant chevalier de votre royaume ! et, quand on vous voit dans la lice, on comprend que vous adoriez ce noble jeu des tournois.

LE ROI.

Aujourd'hui, Diane, je me sens, à vrai dire, en humeur de victoire : aussi avons-nous plaisir, ma chère fille, à vous nommer reine de la seconde joute.

DIANE DE POITIERS, à part.

Elle ! Diane de France !

LE ROI.

Monsieur l'Amiral sera le juge du camp... (Entre Coligny tout ému. Rumeurs au dehors.) Eh ! mais qu'a-t-il donc, monsieur l'Amiral ? Que se passe-t-il ?

COLIGNY.

Sire, pardon ! il y a là de bonnes gens qui voudraient bien parler à Votre Majesté. Le roi les excusera s'ils sont un peu poudreux et défaits d'un voyage de soixante-dix lieues.

SCÈNE III.

LES MÊMES. Entrent précipitamment PIERRE et JEAN PEUQUOY, TROIS OU QUATRE AUTRES BOURGEOIS, MARTIN-GUERRE, GABRIEL.

LE ROI.

Ah !... approchez, mes amis.

PIERRE et JEAN.

Le roi !

PIERRE, troublé, à Jean.

Eh bien... la chose... tu l'as.... donne-la donc...

JEAN, à Pierre, lui remettant des clefs.

Mais le plat... vous avez le plat, vous.

LE ROI.

Oh ! parlez ! parlez vite !

PIERRE, un genou en terre, présente au roi des clefs sur un plat de vermeil.

Sire, ces clefs.... Sire, l'émotion.... Sire, je suis Français, bon Français....

LE ROI.

Oui, et si bon Français, l'ami, Français si ému, que l'on ne comprend rien à ta harangue. — Allons ! aidez-le, vous, Martin-Guerre.

MARTIN-GUERRE.

Moi, sire ?... Eh bien, les clefs que Pierre Peuquoy

offre et présente à Votre Majesté, ce sont les chefs de votre bonne ville de Calais.

TOUS.

De Calais!

MARTIN-GUERRE.

Oui, Calais, repris en quatre jours, est à la France maintenant et à jamais.

LE ROI.

Ah! nous pouvons donc ressusciter aujourd'hui le vieux cri des anciennes passes d'armes : Louange à Dieu, joie à la France!

TOUS.

Joie à la France!

LE ROI.

Et à présent, Martin-Guerre, nommez-nous celui qui a été le bras de cette merveilleuse entreprise.

MARTIN-GUERRE.

Les deux bons et robustes bras de l'entreprise, les voilà, sire : c'est Pierre Peuquoy l'armurier et Jean Peuquoy le tisserand.

LE ROI.

Mais alors celui qui a été la tête?

MARTIN-GUERRE.

Sire, c'est notre grand et illustre capitaine, le duc François de Guise.

LE ROI.

Mais enfin dites donc qui a conçu le plan, trouvé les moyens, réalisé l'idée.

MARTIN-GUERRE, montrant Gabriel.

Celui-là, le voici. C'est à Votre Majesté de le nommer.

TOUS.

Le vicomte d'Exmès!

LE ROI.

Non pas le vicomte d'Exmès, le vicomte de Montgomery! (Rumeurs d'étonnement.) Oui, messieurs, le vicomte de Montgomery : ce qui signifie que le comte de Montgomery est vivant encore. (A Gabriel.) Pour racheter et délivrer votre père, monsieur, vous aviez accepté, vous avez accompli deux conditions héroïques, et vous avez gagné deux fois votre sublime récompense.

GABRIEL.

Oh! sire!...

LE ROI.

Ne vous effrayez pas si, pour un prix nouveau, je vous propose une condition nouvelle; celle-là ne sera ni longue ni difficile à remplir : c'est de toucher notre écusson, et de rompre avec nous la dernière lance de cette journée.

GABRIEL.

Un tel honneur!

LE ROI.

Oh! vous allez le justifier : Dieu combat si visiblement avec vous qu'on peut vous assurer d'avance de la victoire.

GABRIEL.

Non pas contre vous, sire.

LE ROI.

Surtout contre moi. (A Diane de France.) Reine du tournoi, vous remettrez vous-même le prix au vainqueur.

DIANE DE FRANCE.

Sire, il y a bien des chances pour que cette bague revienne à Votre Majesté.

LE ROI, portant à ses lèvres la main de Diane.

Soyez tranquille, mignonne! nous réservons en ce cas à notre adversaire un autre don plus précieux.

DIANE DE FRANCE.

Mon bon père!...

GABRIEL.

Majesté!...

LE ROI.

Je veux, cette fois, monsieur, dépasser mes promesses; je veux que vous soyez content... pour être content moi-même. Et maintenant, allez, allez vous armer vite. (Gabriel s'incline et sort.) Mon cheval. — Mar-

tin-Guerre!... Eh bien! oui, je ne veux donc, sous aucune forme, accepter ta paix?

MARTIN-GUERRE.

Ma sœur? Ah! Sire, vous savez celle que j'attends! elle est aussi grande et aussi belle que puisse la donner un souverain de ce monde!

LE ROI.

Et, quand tu l'auras, crois-tu que je serai quitte?

MARTIN-GUERRE.

Oui, je le crois.

LE ROI.

Mais le prisonnier, dira-t-il comme toi, lui?

MARTIN-GUERRE.

Sire, je l'espère.

LE ROI, pense.

Reste donc Dieu! — Allons! ami, viens, viens avec moi. J'ai hâte de m'acquitter, et tu vas voir que je suis prêt. Viens.

(Il remonte vers la lice avec Martin-Guerre. Diane de France et tous les assistants sortent avec eux.)

SCÈNE IV.

DIANE DE POITIERS, seule, puis le CONNÉTABLE.

DIANE DE POITIERS, à elle-même.

Pas un mot, pas un regard pour moi! Ah! nous sommes bien véritablement perdus, si le connétable... (Entre le connétable par la gauche.) Ah! eh bien?

LE CONNÉTABLE.

Tout doit être fait.

DIANE DE POITIERS.

Vous avez vu le prisonnier?

LE CONNÉTABLE.

J'ai vu le gouverneur de la prison.

DIANE DE POITIERS.

Mais le prisonnier?

LE CONNÉTABLE.

J'ai donné des ordres...

DIANE DE POITIERS.

Le prisonnier? le prisonnier?

LE CONNÉTABLE.

On a dû descendre dans son cachot.

DIANE DE POITIERS, avec un cri de colère.

Ah! vous n'y êtes pas descendu vous-même!

LE CONNÉTABLE.

Diane... je n'ai pas osé!

DIANE DE POITIERS.

Allons! j'aurai donc seule encore toute l'audace! — Venez, je vais de ce pas droit au roi. (Elle se dirige vers la portière de droite.)

MARTIN-GUERRE, paraissant sur le seuil.

Pardon, madame! j'ai ordre de garder cette entrée.

SCÈNE V.

DIANE DE POITIERS, LE CONNÉTABLE, MARTIN-GUERRE.

LE CONNÉTABLE.

Qui ose barrer le chemin à madame Diane de Poitiers?

DIANE DE POITIERS.

Qui donne ici des ordres, si ce n'est le connétable?

MARTIN-GUERRE.

Eh! mais d'abord le roi, je pense.

DIANE DE POITIERS.

C'est au roi que je veux parler.

MARTIN-GUERRE.

Oui, pour le séduire encore au parjure! Mais prenez garde! le roi, Dieu merci, ne voudra même pas vous entendre.

DIANE DE POITIERS.

Que je prenne garde, moi! on a quelquefois peur de Diane de Poitiers, mais Diane de Poitiers a rarement peur. Ah! vous vous appuyez sur le roi, aveugles que vous êtes! et vous oubliez que le roi m'aime. Il y a des années qu'il m'aime, il m'aimera jusqu'à son dernier soupir. Et, vraiment ! je plains l'insensé qui osera me faire obstacle tant que Henri II sera vivant, tant que battra ce cœur qui ne bat que pour moi.

MARTIN-GUERRE.

Oh ! vous vous méprenez, madame, ce n'est pas sur le roi que nous nous appuyons. Le roi ! mais tout ce que nous avons fait a été fait sans lui et malgré lui. Et pourtant vous vous figurez bien que nous n'étions pas tout à fait seuls. Songez à cela, et parlez moins haut, je vous y engage. Je vous trouve souverainement imprudente de vouloir raisonner avec le châtiment. Jour de Dieu ! quand vous voyez luire l'éclair, vous devriez y regarder à deux fois avant de provoquer la foudre.

DIANE DE POITIERS.

Faites place ! je ne sais pas ce que c'est que de reculer devant des fantômes.

MARTIN-GUERRE.

C'est que vous n'en avez jamais vu.

SCÈNE VI.

LES MÊMES. Apparaît au seuil de droite MONTGOMERY, barbe et cheveux blancs, pâle, voûté, chancelant, enveloppé d'une longue tunique de velours noir. MARTIN-GUERRE court à lui et le soutient.

DIANE et LE CONNÉTABLE, reculant terrifiés.

Dieu !

MARTIN-GUERRE.

Oh ! rassurez-vous ! mon seigneur ne vient pas pour voir ses bourreaux. Seulement, rangez-vous, pour qu'il voie son fils. (Le grand rideau du fond s'ouvre dans toute sa largeur. La lice apparaît. Les trompettes sonnent.) Et votre fils, monseigneur, tenez, le voilà qui court une lance contre le roi, et d'autant plus fier et plus heureux qu'il sait que son père le regarde.

(Fanfare. Le roi et Gabriel, armés en tournoi, passent sur leurs chevaux caparaçonnés. A la première rencontre, ils se saluent de la lance ; à la seconde, ils rompent leurs lances tous deux.)

MARTIN-GUERRE.

Les deux lances rompues ! jeu égal !

(Nouvelle fanfare. Troisième rencontre des deux cavaliers. Cette fois, Gabriel atteint avec le tronçon le casque du roi, qui se brise. Le roi jette un cri et tombe à la renverse sur la croupe de son cheval.)

LE CONNÉTABLE.

Ah ! le roi atteint au front ! renversé ! blessé !

DIANE DE POITIERS.

Dieu ! s'il est mort, sa mort me tue !

SCÈNE VII.

La tente se remplit de la foule éperdue de tous les assistants. On porte le ROI sur un lit de repos.

DIANE DE FRANCE.

Mon père !... mon Dieu ! est-il donc tué ?..

LE ROI, se soulevant.

Monsieur de Montgomery ! êtes-vous là ? (Tous s'écartent devant Montgomery, qui, appuyé sur Martin-Guerre, marche au roi.) Comte, je meurs, me pardonnez-vous ?

MONTGOMERY, s'inclinant.

Sire, je vais mourir, pardonnons-nous l'un à l'autre.

LE ROI.

Ma fille... votre main... Gabriel... (Il met la main de Diane dans celle de Gabriel désespéré.) Ne vous désolez pas : ce n'est pas vous qui avez frappé. Je te reconnais, souveraine justice ! (Il meurt.)

MARTIN-GUERRE.

Reçois-le, souveraine clémence !

FIN

MM. les directeurs des théâtres des départements pourront s'adresser, pour la musique, à M. Artus, chef d'orchestre, et, pour la mise en scène, à M. Masson, souffleur, au théâtre de l'Ambigu.

Tous les théâtres de province n'auront pas deux acteurs assez ressemblants pour remplir les deux rôles de Martin-Guerre et d'Arnauld du Thil. M. Masson a rédigé, sur les données fournies par l'auteur, une mise en scène spéciale qui permet à un seul artiste de jouer les deux rôles. Les décors des deux derniers tableaux peuvent aussi, d'après ses indications, être facilement simplifiés.